苏州市工商档案管理中心 组织编写
苏州民族工商业百年名企系列丛书

阿坤 著

百年苏纶

苏州大学出版社
Soochow University Press

图书在版编目(CIP)数据

百年苏纶 / 阿坤著；苏州市工商档案管理中心组织编写. —苏州：苏州大学出版社，2016.5
（苏州民族工商业百年名企系列丛书 / 卜鉴民主编）
ISBN 978-7-5672-1719-5

Ⅰ.①百… Ⅱ.①阿… ②苏… Ⅲ.①纺织厂－工厂史－苏州市 Ⅳ.①F426.81

中国版本图书馆 CIP 数据核字（2016）第 100319 号

百年苏纶

苏州市工商档案管理中心　组织编写

阿　坤　著

责任编辑　王　亮

苏州大学出版社出版发行
（地址：苏州市十梓街1号　邮编：215006）
苏州工业园区美柯乐制版印务有限责任公司印装
（地址：苏州工业园区娄葑镇东兴路7-1号　邮编：215021）

开本 700 mm×1 000 mm　1/16　印张 8　字数 145 千
2016 年 5 月第 1 版　2016 年 5 月第 1 次印刷
ISBN 978-7-5672-1719-5　定价：32.00 元

苏州大学版图书若有印装错误，本社负责调换
苏州大学出版社营销部　电话：0512-65225020
苏州大学出版社网址　http://www.sudapress.com

《苏州民族工商业百年名企系列丛书》
编委会

主　　　任：肖　苊
副　主　任：沈慧瑛　卜鉴民
委　　　员：孙玉婷　甘　戈　吴　芳　彭聚营
　　　　　　朱亚鹏　陈　鑫　王雯昕　李艳兰
　　　　　　张旭东　周玲凤　陈明怡　谢震香
　　　　　　董文弢　赵　颖　许　瑶　周叶飞
主　　　编：卜鉴民
副　主　编：孙玉婷　甘　戈　吴　芳
常务副主编：陈　鑫
编　　　辑：栾清照　杨　韫

古城烟雨　百年风云

一座城,一百年,一代名企。

故事就此拉开序幕。

苏州,一座拥有2500多年悠久历史的古城。史学家顾颉刚在《苏州史志笔记》中说:"苏州城之古为全国第一,尚是春秋物……"始于春秋,历经战国、秦汉……宋元明清,直至新中国,沧桑岁月给古城镌刻下一道道记忆的年轮。

苏州城是古老的,苏州城亦是坚忍不拔的。公元前514年吴王阖闾令伍子胥建阖闾大城,伍子胥率领人员,不辞辛劳,"相土尝水,象天法地",终于使一座周围47里,有8座陆门、8座水门的姑苏大城屹立在了太湖之滨。经历了几千年风风雨雨的侵蚀,苏州古城的位置至今未变。与中国现存最早的城市平面图宋代《平江图》相对照,苏州古城的总体框架、骨干水系、路桥名胜基本一致,依旧保持着水陆并行、河街相邻的双棋盘格局,这在全世界都是极其罕见的。按照现在的标准,伍子胥就是一位伟大的城市规划设计师。吴地的百姓没有忘记这位功臣,千百年来,胥门、胥江、胥口总是与伍子胥的名字连在一起。每年的五月初五端午节,人们以吃粽子、划龙舟等方式纪念伟大的爱国主义诗人屈原,和屈原一同被吴地百姓纪念的还有伍子胥。

一百年,相对于一个城市来说,似乎太年轻了,尤其是历史如此悠久的古城苏州。一百年,对于一个企业而言,已经是一位白发苍苍的老者,长长的白胡子里满装着企业兴衰沉浮的故事。谁都想做百年企业,但是"创业容易守业难",如何将苦心经营的企业很好地传承下去是摆在众多企业家面前的一道难题。阿里巴巴董事局主席马云在联想控股有限公司

"蓄势而发,砥砺前行"主题活动上说:"如果说把在西方做企业比作一百米的赛跑,那么在中国可能是一百米的障碍跑,甚至是一百米的跨栏。其实我们很不容易,一家企业能跑三十年,相当的了不起。"三十年已属不易,一百年何其难得。

钟灵毓秀的苏州孕育出了一个个优秀的民族企业:苏纶纺织厂、东吴丝织厂、振亚丝织厂、鸿生火柴厂、雷允上制药厂、嘉美克钮扣厂、民丰锅厂……它们撑起了苏州民族工商业的一片天,是苏州经济发展道路上一道道亮丽的风景。苏纶纺织厂滋养了几代苏州人,"三个苏州人里就有一个跟她有着渊源","天官牌"棉纱、"飞鹰牌"棉布誉满江南;东吴丝织厂生产的塔夫绸闻名世界,拥有"塔王"的称号,深受英国王室的钟爱;雷允上制药厂的六神丸家喻户晓、驰名中外……无论是棉纱、丝绸,还是火柴、铸锅,抑或是药品、钮扣,它们都与老百姓的生活息息相关,在人们的日常生活中扮演着不可或缺的角色。

人们感谢这些企业,她们令苏州的经济不断腾飞,令大家的生活更加滋润。然而旁人看到的大多是她们辉煌灿烂的模样,有谁真正知晓个中的滋味。没有哪个企业可以随随便便成功,成为百年老企绝非易事,当初筚路蓝缕、艰苦奋斗的故事几人能晓。经过历史的积淀、岁月的浮沉,这些百年老企也已经物是人非,除了个别企业坚强地生存着,很多也已随时间进入了历史的深处。作为苏州民族工商业奠基石的苏纶厂,其庞大的厂区如今已被打造成苏纶场民国风情街,成为南门商业圈的一部分,只有两座裕棠桥还能让上了点年纪的人惦记着曾经的苏纶厂。鸿生火柴厂红灰相间的小洋楼宛如一艘风雨归来的帆船,依然停泊在护城河边,只是已成为一家港式早茶店。还有多少老企业已难觅踪迹,历史不应该被遗忘,吴地企业辛勤耕耘的奋斗史更不应被遗忘,我们应该为之做点什么。

21世纪初苏州国有企业产权制度改革时,全国首家专门管理改制企业档案的事业单位苏州市工商档案管理中心应运而生,集中收集、保管和利用改制企业档案,使一大批珍贵的工商业档案得以保存,这其中就有很多百年老企的身影。而今恰逢一群熟悉百年老企,甚至是在百年老企生活、工作过几十年的老苏州,愿意用他们真诚的笔墨记录下过往的故事,展现百年老企跌宕起伏的行走足迹,这无疑是一件利泽千秋的好事。在此契机下,苏州市工商档案管理中心组织编写这套《苏州民族工商业百年名企系列丛书》,希望通过丛书留存一段历史,为后人留下一笔宝贵的精神财富。

烟雨中的古城美丽依旧,静静地倾听百年老企的风云故事。

苏州市档案局(馆)长　肖　芃

2016 年 5 月

目　录

卷首语 …………………………………………… (1)

第一章　苏纶初创（1895—1897年）………… (1)

皇帝朱批："知道了" …………………………… (1)

选址青旸地 ……………………………………… (4)

状元办厂的背景与结局 ………………………… (5)

苏纶厂名的由来 ………………………………… (6)

陆润庠其人其事 ………………………………… (7)

第二章　几经承租（1898—1924年）………… (11)

祝承桂首租 ……………………………………… (11)

费承荫缔约承租 ………………………………… (12)

股商收回自办 …………………………………… (14)

源记公司许松春租办 …………………………… (15)

宝通公司刘伯森接租 …………………………… (16)

第三章　严氏执掌（1925—1936年）………… (19)

严裕棠谋定而动 ………………………………… (19)

掘得第一桶金 …………………………………… (20)

严氏执掌苏纶 …………………………………… (22)

自办电厂始末 …………………………………… (24)

"棉铁联营"效应 ………………………………… (25)

严氏的人事劳工管理 …………………………… (27)

严裕棠遇险记 …………………………………… (29)

苏纶厂的汽笛声 ………………………………… (31)

1

第四章　敌伪摧残（1937—1945年） (33)

　　车间成了日军养马场 (33)
　　蹊跷的纵火案 (34)
　　迷茫中的徘徊 (36)
　　苏纶收回之后 (37)

第五章　新中国成立前夕（1946—1949年） (39)

　　强制接管后的抗争 (39)
　　一份厂庆菜单的折射 (41)
　　竞选立法委员 (42)
　　部分产业转移香港 (43)
　　严氏的公益善举 (44)
　　数十次的罢工斗争 (46)

第六章　新中国成立以后（1950—1965年） (48)

　　政府扶持走出困境 (48)
　　废除"抄身制"与"拿摩温" (50)
　　公私合营 (51)
　　职工福利的改善 (53)
　　"跃进"风潮 (56)

第七章　"文革"期间（1966—1976年） (58)

　　受到干扰 (58)
　　坚持生产 (59)
　　激情与速度 (60)

第八章　重新崛起（1977—1986年） (62)

　　从徘徊中起步 (62)
　　雨催花发 (63)
　　生产经营活色生香 (65)

今天你学了吗 …………………………………………… (67)

第九章　破产与终结(1987—2004年) …………………… (70)
　　无奈破产 ……………………………………………… (70)
　　"新苏纶"的延续 ……………………………………… (71)

第十章　苏纶情未了(无时间界定) ……………………… (73)
　　跳出苏纶看苏纶 ……………………………………… (73)
　　劳模如云 ……………………………………………… (75)
　　"三尺车弄"的情怀 …………………………………… (79)
　　悠悠不了情 …………………………………………… (81)
　　苏纶厂名知多少 ……………………………………… (83)

附录一　严氏三记 ………………………………………… (85)
　　严裕棠的最后时光 …………………………………… (85)
　　严庆祥退休之后 ……………………………………… (87)
　　严庆龄在台湾创业 …………………………………… (90)

附录二　陆文夫与苏纶厂 ………………………………… (93)
　　与苏纶的不解之缘 …………………………………… (93)
　　写苏纶的两篇散文 …………………………………… (94)
　　出了名的"陆师傅" …………………………………… (96)

附录三　苏纶百年纪事(1895—2004年) ………………… (98)

后记 ………………………………………………………… (111)

卷首语

回眸苏纶已经是百年。

苏州,一个有着2500多年悠久历史的古城,有人称它是"白发苏州"。

在这漫长的岁月中,它孕育与积淀的吴文化有着深深的厚度。在它的人文历史的天空,闪烁着太多的璀璨星光。

这里要说的是百年苏纶。一百年,相对于古老的苏州,似乎是一个太短的时间,然而对于苏州的工业发展,尤其是现代纺织工业的发展,却是一段不短的历程。而苏纶,无疑是苏州工业的最早先驱者。

无论从哪个角度去探寻苏州近代工业发展的历史,必然会开宗明义地提及苏纶,因为它是无法忽略的奠基者,因为它是中国近代民族工业的一抹亮丽的底色。

在阳光的映照下,沿着苏州古城的通衢大道人民路向南行走,至人民桥。站在古色古香的飞檐翘角的桥廊下,向西看去,可见桥西处一片屋宇深深、高楼毗邻的建筑群,这就是现今的苏纶场、苏纶里与一座大型超市。如果将时间向前推移到十年前,这里则是百年苏纶的庞大厂区。

而如今,这里已是人是物非,换了人间。

当年苏纶厂上下班的工人从厂门口进进出出熙熙攘攘的情景不见了,那沿马路隔着厚墙仍能听到的织布车间织机运转时发出的"嘭嘭嘭"的巨大轰响,而今已经销声匿迹。

站在苏纶的旧址上,舍不得去说再见。

梦回苏纶,回首看它走过的历程,细数它深深浅浅的足印,让人有着太多的感慨。它曾经有过的困惑、彷徨与无奈,以及更多的抗争、奋发与图强,都让人忆往感怀。那些曾经鲜活的人和事,如今已经如蒲公英那样随风飘去,渐行渐远,走进了历史的深处。

最钦佩的是那些在纺织车间里日夜劳作的女工。她们在夜班、中班、早班的轮转中，已经习惯了在乱了套的生物钟下生活着，而无怨言。长期处在高分贝的环境下，她们大都成了"大嗓门"。无论白天黑夜，她们总是那样的兢兢业业，恪尽职守。尽管人面和桃花换了一代又一代，但她们一如既往地承载和彰显着"苏纶精神"。我们对她们总是怀着感动和敬意。

苏纶在风雨兼程中一路走来，回眸已经是百年。然而，在残酷的现实面前，由于种种原因，它再也无法承受生命之重，终于停止了它的生命钟摆，就此画上了句号。

也许，它已经顽强地坚持了太久。

苏纶的百年，既是它的时空跨度，也是它的历史长度。

它的所有的一切，它曾经的跌宕起伏，它曾经的叱咤风云，它曾经的卓著功勋，都将被载入苏州，乃至中国近代民族工业发展的史册中去。为苏纶立此存照，是一件很有意义的事情。

历史学家马克·布洛赫说："褒贬前人要比理解他们容易得多，对于历史事件来龙去脉的探索，要比简单的定性论断难度更大。"因此，本书从真实的历史出发，通过叙述过往的那些事儿，还原一个真实的苏纶。

百年苏纶，历史中永远的苏纶。

第一章　苏纶初创（1895—1897年）

皇帝朱批："知道了"

光绪二十一年（1895），中国因甲午战争失败被迫签订《马关条约》，允许日本臣民在苏州等通商口岸设立工厂。消息传出，举国震惊。两江总督张之洞当即致电总理衙门，希望"饬王公大臣当迅速会议，设法补救"。然而条约已经签订，唯一的补救办法只有中国人自己创办近代工业。清政府决意兴办纺织企业，谕令各省"招商多设织布、纺绸等局，广为制造"。张之洞与江苏巡抚赵舒翘几经商议后，两次奏请光绪皇帝，要求"振兴苏州商务，开办丝、纱两厂"。光绪皇帝在第二道奏折上朱批："知道了，钦此。知照军机处查照可也。"至此，开办苏纶纱厂及苏经丝厂一事，经过近半年的周折，终于得到朝廷的允准。时任国子监祭酒的苏州状元陆润庠适逢老母病故，返归故里守孝。1896年，张之洞奏派陆润庠经营苏州商务局，筹办近代化的丝织、棉纺工厂。这便是轰动一时的"状元办厂"。

从光绪的两次批复，可以看出朝廷对兴办苏州丝、纱两厂是极为重视的。

陆润庠谨遵旨意，开始了办厂的历程。但建厂的资本从何而来？据史料记载，当时的建厂资本，主要是移用即将清还的甲午战争期间向苏州、常州、武进、江阴、丹阳、无锡等县数十家典当行借的有息商款共白银60万两。但在筹建过程中，由于估计不足，发生了资金短缺的困难。另外，由于当时移用的息借商款仅作为苏州商务局的股份，没有把借户作为股东，因而遭到典当业主和官绅们的一致反对，掀起了一场要求还本退息的风波。

这让陆润庠伤透了脑筋。

"此情无计可消除，才下眉头，却上心头"，正是当时陆润庠的心情和境况。

　　因为当时借款已动用,无法归还,另招商股也很困难。因此,陆润庠只得到处奔走呼号,广劝绅士,力促此事。幸得两江总督刘坤一的鼎力相助,将此事上奏光绪皇帝,以官方名义进行干预。经多方努力,筹措到兴建丝、纱两厂总资本白银100多万两。此款由三部分组成:一是备荒所用的水利积谷公款纹银23.5万两,不能投作资本,需逐年归还(至1917年2月悉数还清);二是由苏藩司江苏省的财政机构筹垫20万两,匀年拨本还清;三是原息借的苏款60万两,其中数在200两以内的还给各商户,数在200两以上者,概作股本,借户为股东,分作5576股,实收银近54万两。至此,一场股金风波终于得到了平息,两厂得以顺利开建。

　　由上可见,苏经、苏纶两厂的筹建资金,起初是由官方移用息借商款54万两作为苏州商务局的股本开办的,因此两厂是属于官办性质的。但在筹建过程中,由于资金短缺和借户的反对,由官方垫借40余万两,并把所借的商款改为股本,借户作为股东,这时的企业性质已转为官督商办。

　　至于苏纶厂购买机器设备一事,这里有一段小曲折。当时,张之洞已"奏准以在鄂定购之纺纱机40700余锭",陆润庠也表示同意。但后来陆并没有去领购(被南通张謇在光绪二十五年,分两次领购建造大生纱厂),而是向洋行定购英国道勃生厂1896年制造的18200锭全套纺纱设备。这在当时是最先进的纺纱机器(这些机器质量之好,苏纶厂一直用到20世纪的七八十年代才淘汰)。这些设备运抵后,厂方请了一位英国技师和一位机匠负责安装和维修管理。开业时还聘用6名外国人,其中4名是日本人,担任棉纺机操作的技术培训。

　　光绪二十三年(1897)七月,设备安装完毕,开工生产,陆润庠任苏纶、苏经两厂总经理,成了名副其实的"状元经理"。

　　苏纶纱厂、苏经丝厂的顺利开工,使陆润庠志得意满。

　　为展示两厂的现代机器工业实力,也为了答谢地方上的官员和商界人士的支持和帮衬,时在光绪二十三年(1897)七月初四,陆润庠诚邀他们莅厂阅视。

　　当时的元和(今苏州一部分)县令李超琼(主要功绩为修建李公堤)是其中之一。他用日记记下了当天的参观情景:

　　未明而起,犁(黎)日而出,至盘门青羊(旸)地之商务纱厂,侯抚部及藩、臬两司，关务商局，两道咸集，由商总陆凤石（陆润庠号）大司成领同阅视机器及开工各事宜。盖本日肇办纺织事务也。西人所为机器，凤仅闻之，今始之见。其用之神而器之伟，实所未见。总机之轮大愈十丈，运转如飞。洋匠言其有七百匹马力之巨。其外烟窗（囱）高矗云表，不下二十余丈，亦钜观也。遍历各厂（车间），见棉花由去子（籽）而成条，而为粗纱，递而至于细线，灵妙皆不可名状，讵巧夺天工者乎。纱厂阅毕，抚部复至丝厂。

从这些记述中，可见初建时苏纶厂的规模、设备及生产流程之种种，令人十分赞叹。

对于苏纶厂开办时的情况和生产能力，光绪二十四年（1898）的《官书局汇报》记载得十分详细："苏纶纱厂开办，已用一万八千二百纺锤"，"每日作工二十小时，每礼拜停工，每年可出棉纱一万四千捆（件），约用工人二千二百名，分两班更番，作弹棉纺棉等工。其折中工价，妇人每人二角；小孩（童工）每日一角；苦力男力自一角五分至二角；而熟手妇工价尤有增加"。民国十年（1921）出版的《支那开港场志》记载："日班从早上六点到下午六点，夜班从下午六点到第二天早上六点。日产量为十二支纱十六件，十四支纱二十五件，十六支纱十二件，合计五十三件。商标为'天官'"，"棉纱销路以常熟、江阴、梅里等地为主"。

苏纶开工后，获得了一份丰厚的回报。

而苏纶纱厂开办之后的盈利，在当时国内纺织业中也是首屈一指的。《华英新闻》报道说："无锡的业勤纱厂，开工纺锤一万枚，所产线约得苏州棉局（苏纶纱厂）之半，其机器亦是英国所制。"又："苏纶纱厂效益良好，尤其像天官牌商标普遍受到欢迎。"光绪二十四年（1898）四月二十八日《官书局汇报》中说："苏州丝、纱两厂所出丝纱，足与上海有名厂相埒。"可见，开办时间不长的苏纶纱厂，已经崭露头角，蜚声海内外。

苏纶、苏经两厂，从筹建到生产，仅用了一年半的时间，速度之快，实属罕见。而张謇办的南通大生纱厂虽然同在1895年筹备，到了1899年才开车运转。

因此，从开工投产的角度论资排辈，苏纶厂无疑是江苏省内最早的纺织企业。

选址青旸地

筹措办厂的款项基本敲定后,厂址的选择成为当务之急。

陆润庠让手下人先行在苏州古城外围寻找合适之地,经过一番实地踏勘,认为平门外与南门外的两处地块甚为理想,究竟是选南还是选北,成了一道选址的选择题。经过权衡利弊,两处比较之后,南地要远胜于北地。虽然两地均濒临河道,但北地要经过一段护城河才能通向京杭大运河,而南地则与大运河近在咫尺,且河面较为开阔。这时,坊间亦有传闻,说英国与日本商人拟在平门外造铁路,建火车站。南地还有一个优势,即地价特别便宜。陆润庠等人商议之后,决定在南地建厂。

所谓的南地,即当时的青旸地,是现在的南环新村、团结桥、盘门外吴门桥一带。这里原名为北底坛、南底坛、长腰坛,为明朝弘治年间义阡埋葬的官地,当时已历时四百年,棺柩、骨坛在万具以上,极为荒凉。光绪二十一年(1895),此地辟为商埠之用,由沿城脚的相王坟对岸起分界(即人民桥以南),西为商务局地界,东为日本租界,沿河划出 10 丈(约合 33.33 米)仍为中国界。当时开始建立苏经、苏纶两厂,由官厅指定商务局基地 42 亩 9 分 2 厘(约合 2.86 万平方米)办苏纶纱厂,苏关道基地 10 亩 3 分 2 厘(约合 0.69 万平方米)办苏经丝厂,两厂合计将近 54 亩(约合 3.6 万平方米)地,每年租银一千两。

厂址确实选择得不错。尤为令人满意的是,此地水陆交通十分便利,出厂门即可西通无锡、东达浙江。厂东临二马路(现人民南路)由南向北贯通苏城。厂西濒大龙江,其南通太湖,北通京杭大运河,原料与产品上下水顺畅。而厂南全是荒地,且有发展余地。在这里,可见选址者的智慧和富有远见的眼光。

以笔者所知,偌大的苏纶厂区,因一条大龙江流经厂内而分为厂东厂西,所有的纺纱、织布车间和一些辅助车间均集中在厂东,厂西相对冷寂,多为原材料仓库。原本苏纶厂仅在朝北的沿马路开有两个厂门,东首的为工人上下班进出之门,相距百米的另一门临近裕棠桥,门前即为苏纶水运码头,供货物装卸进出之用,交通极为方便。

苏纶纱厂在人民桥南堍的朝东之门,是 20 世纪 70 年代之后新开的。

让人感慨的是,当时的苏纶之地,就是"冷水盘门"之地,不要说在开建时有多么的冷落,就是到了新中国成立后的六七十年代还是非常的冷冷清清。笔者每天从北寺塔下的一条幽静的小巷里走出去,沿人民路向南去苏纶厂上班,走过三元坊到文庙之后,就明显感到人迹稀少,非常的荒凉。在苏纶厂的周边,尤其是到了夜间,唯有从厂里传出的隆隆的机声回响在运河之畔,除此之外,盘门一带便是无比的冷寂、空旷和荒芜。

南门之地渐渐地繁华起来,那是改革开放之后的事了。

值得一提的是,苏纶厂自建厂之后,越百年,尽管期间有过一次次的发展,但在面积及坐向上,仍没有多大的变化。

状元办厂的背景与结局

"状元办厂"在清末时绝对是个时尚的新鲜词。

自从隋唐开科取士至清末废除科举的1300年间,虽然状元出了不少,但对于参加科考的千军万马来说,能获取状元桂冠的,当然就不算多。而中了状元的,按照传统惯例,自然是去朝廷做官,至于去兴办实业的,当然是闻所未闻。即使在当时的历史背景下,"状元办厂"也是震惊朝野的稀罕事。

当时的状元办厂,除了张謇与陆润庠,还应提及两个人。一个即是两江总督张之洞,他虽然不是状元,却是同治二年(1863)在27岁中进士的探花。(见图1)他率先行动,在1889年,首先在湖北筹备汉阳铁厂(中国第一个钢铁企业),之后又办了湖北织布局。光绪十八年(1892),织布厂在武昌开车,有纱锭3万枚,布机1000张。虽然织布局是盈利的,但张之洞却将织布局的盈利弥补铁厂、枪炮厂的亏损,使织布局一直处在高利贷的压迫下,无从发展。之后,张之洞看到棉纱销路很广,又办了两个纱厂。几年后,转租给广东资本家组织的应昌公司承办。

还有一人,即是去官在家的礼科给事中丁立瀛(同治进士)。总理衙门曾命他在镇江设立商务局,而他兴趣不大,也无动作,结

图1　两江总督张之洞像

果一事无成。

陆、张两状元在办厂成功之后,走了不同的人生之路。

张謇从此热衷于办实业而一发不可收,虽然他没有完全脱离政治,有时还表现得非常激进,但他的主要精力还是放在兴办工厂、学校等方面。他一生创办了20多个企业、上百所学校,被称为"状元实业家"。毛泽东在说到中国民族工业时说:"办重工业不能忘记张之洞","轻工业不能忘记海门人张謇"。

与张謇不同,陆润庠虽然在苏州办了苏纶纱厂、苏经丝厂,但他骨子里还是热衷于仕途。在初创苏纶、苏经两厂时,经营上遇到不少困难。因商股没有招足,且建厂费用严重超支,加之刚刚投产,利润微薄,向来看重"官利"的商人股东便"烦言四起",这又加剧了再招新股的难度。外部的竞争环境也日趋激烈,自1897年起洋纱进口数激增,而花价和工价又逐渐上升,纱厂盈利逐渐减少。同时期,由一些普通商人开办的纱厂纷纷倒闭。面对如此不利因素,陆润庠也失去了继续办厂的信心,萌生了全身隐退的想法,趁着服丧期满,于1898年6月回京重返仕途。苏纶、苏经两厂也让人承租了事。

人们常将陆润庠的退出与张謇的成功作比较。同是状元办厂,张謇是一发不可收,继续在他办厂的路上走下去,成就了近代"第一个实业大王",而陆润庠终究没有打破"官念"的桎梏,入京继续做他的官去了。苏纶厂和苏经厂的命运也因此转向。

尽管陆润庠在办厂之路上走得并不远,只是短短的两三年时间,不像张謇那样在办厂的实业中大展宏图,成为著名的状元实业家,但陆润庠毕竟把一颗工业的种子种植在苏州的土地上,用一丝一线掀开了苏州近代民族工商业的篇章。

在苏纶厂既往的历史上,陆润庠无疑是站在最前面的"一号人物"。"状元经理"陆润庠的名字,将铭刻在苏州近代工商业史,乃至中国近代工业史的碑记上。

苏纶厂名的由来

在筹建纱、丝两厂之初,万事待兴,许多事情千头万绪,陆状元忙得不可开交,为筹措资金、选择厂址等到处奔波,根本没有时间考虑取厂名的事儿。待到资金大头已经落地,厂址已经敲定,取厂名的事就不能再拖了。早先时,他曾让手下的人商议,取一个怎样的厂名,而他自己也在反复思考。

手下的人经过多次商议,提出了五六个厂名,让陆总办定夺。陆状元看过名单,闭目思索了片刻,指着"经纶"两字,说道:"此两字拟可为两厂名。"

"经纶"一词,最早出现在我国的《诗经》《易经》里。它原本的意思是整理丝缕、理出丝绪和编丝成绳,后来,被人们引申为筹划治理国家大事。而"经、纶"两字,正与缫丝、纺纱扣合。因两厂建在苏州,如果加上地域名取个"苏"字,岂不妙哉。

于是,陆状元面露笑容地对手下人说道:"'经纶'两字正合我意,自它无别。"于是提笔在纸笺上,写下了两个厂名,分别为"苏经丝厂"与"苏纶纱厂"。

苏纶纱厂的厂名就这样定了下来。

事有凑巧,正在这时,在开建的工地上,工人在迁移坟墓时,挖到了一块明代正德年间夏士铭的墓志石碑,上有记载:夏有二子,长子曰经,次子曰纶。两子之名与苏经、苏纶厂名巧合,众人认为乃有天意。这,不知是真是伪,只是相传而已。这,无疑给苏纶厂名蒙上了一层神秘的色彩。

自从取名"苏纶纱厂"后,在百年间,尽管执掌人多次变更,或者因企业性质、规模有所改变而一次次地易名,但万变不离其宗,纱厂始终冠以"苏纶"两字。比如,新中国成立后,曾先后改名"苏纶纺织厂""公私合营苏纶纺织染厂""苏纶棉纺织总厂"等。只有一次例外,在"文革"的非常年代,更名为"人民纺织厂",至1978年9月仍恢复"苏纶纺织厂"的厂名。"苏纶"两字消失了10多年之后,又重新出现在人们的视野中。

陆润庠其人其事

陆润庠(1841—1915),字凤石,号云洒、固叟,元和(今江苏苏州)人。(见图2)同治十三年(1874)状元,历任山东学政、国子监祭酒。因母疾归苏州,总办苏州商务,创办苏纶、苏经两厂。服丧届满,入都供职,任内阁学士,署工部侍郎。光绪庚子年(1900)八国联军入侵,慈禧太后西行途中,代言草制。后任工部尚书、吏部尚书,官至太保、东阁大学士、体仁阁大学士。宣统三年(1911)皇族内阁成立时,任弼德院院长。辛亥后,留清宫,任溥仪老师。民国四年卒,赠太子太傅,谥文端。

陆润庠的父亲陆懋修(1818—1886),元和县(今江苏苏州)廪生,考授恩贡生。早年习儒书,中年起则学医。太平军北进,陆懋修随家人逃难上海,穷困潦倒,遂以家传医术为人治病谋生。他医术高明,在上海一带很有名。治病之暇,他研讨《黄帝素问》等医学典籍,著述不辍,有《内经运气病释》等专著问世。

图 2　陆润庠半身照

道光二十一年(1841)五月,陆润庠生于镇江丹徒(今江苏镇江)学舍。镇江,古称"润州",地方学校,古曰"庠",故取名"润庠"。学舍中有宋乾道二年(1166)《熊克凤石图赞》,故以"凤石"为字。陆润庠自幼聪颖好学,10岁便读完了儒家的"九经",对家传医学,他也用心学习,颇懂医术。他凭借儒学根底考中乡试,成为一名举人。同治十三年(1874),在殿试中,陆润庠一举夺魁,成为大清王朝第一百零一名状元。此科进士共337名,是同治皇帝的最后一批门生。

陆润庠中状元后,入翰林院为修撰,掌修国史,开始了他的仕官生涯。这年,他33岁。这时的大清帝国危机日重,英、法、俄、美、日等列强觊觎我边疆地区,大肆侵吞,中国边疆出现危机。而这时的同治皇帝也已病入膏肓,他染上了可怕的性病。年方19岁的同治皇帝病死后,他的母后慈禧太后把年仅4岁的爱新觉罗·载湉扶上帝位,年号"光绪",军国大权操纵在她的手中。

光绪皇帝即位后,陆润庠屡次出任乡试考官,仅湖南、陕西就各典试两次。后入值南书房,侍从光绪皇帝作文绘画。后擢为山东学政、国子监祭酒。光绪二十一年(1895)因丧母回籍守节尽孝。是年,总理各国事务衙门奏请谕令各省设立商务局,各府州县在水陆通衢之处设立通商公所,兴办实业。署理两江总督兼南洋大臣张之洞率先行动,奏派陆润庠在老家苏州设立商务局,因此拉开了创办苏纶纱厂和苏经丝厂的序幕。

这时,义和团运动风起云涌。慈禧太后对列强干预她废黜光绪帝极为愤恨,试图借助义和团来教训一下"洋大人",对列强宣战。俄、英、法、美、日、德、意、奥八国拼凑了一支2000余人的联军,在英国海军中将西摩尔的率领下,从天津向北京进犯。慈禧太后挟光绪皇帝仓皇出逃至西安。陆润庠随即辗转跟上,当时叫"行在"。慈禧太后被陆润庠的忠心感动,委任他为礼部侍郎。慈禧太后还京后,陆润庠出任最高监察官左都御史。

康有为、梁启超等人掀起的"戊戌维新"被慈禧太后镇压后,"君主立宪"运动并未消歇,很快便又重新兴起。而资产阶级革命派也日渐壮大。对这两股势力,清廷不能不注意了。若要在二者中选择一个的话,清廷自然要选择君主立宪。但是清廷不是真心实意的,而是玩了"预备立宪"的骗局,来麻痹立宪派,打击革命派。

作为当朝一品大员,陆润庠对方兴未艾的立宪运动不能没有看法。他说:成规不可墨守,而实行新法也需要斟酌。若不研究中国历史,不从中国实际出发而进行变革,改革是难以成功的,且将使问题更糟。可见,陆润庠主张改革,但反对激进,主张稳重。

光绪三十四年(1908)十月二十一日,光绪皇帝驾崩,终年38岁。慈禧太后选中醇亲王爱新觉罗·载沣的儿子爱新觉罗·溥仪为新的帝位继承人。次日,慈禧太后寿终正寝。十一月九日,溥仪登基,年号"宣统"。最大的守旧分子慈禧太后死后,要求改革变法的呼声日高,资产阶级革命运动也更加高涨。在这种局势下,陆润庠非但没有随着形势的发展倾向于改革变法,反而日渐反对改革变法,变成了一个守旧分子。比如对于官制改革,对于当时的出国留学风潮,他都有非议。对于朝廷财政困难,入不敷出,陆润庠把财政危机归因于实行新政,借财政危机指斥改革,鞭挞新政。尽管陆润庠反对改革,仇视革命,但历史的发展不会以他的意志为转移。1911年,资产阶级革命发展到高潮,武昌起义爆发了。

宣统三年(1911)八月十九日,陆润庠指斥的新军在武昌起义,攻占武汉三镇,全国各地纷纷响应。十一月十日,独立各省代表在南京公推孙中山为中华民国临时大总统。1912年1月1日,孙中山在南京宣誓就职,以1912年为民国元年。中华民国建立了。

民国元年二月十二日,宣统皇帝在养心殿举行了清王朝最后一次朝见仪式后,宣布退位。

陆润庠年老昏聩,但他对在皇宫中称孤道寡的宣统帝却忠心不渝,奉隆裕太后懿旨,照料毓庆宫事务,仍充任宣统帝的师傅,并接受了太子太保的官衔。

民国四年(1915),陆润庠病逝,终年74岁。

陆润庠为官清廉,一生俭朴,虽贵为一品,却衣着如寒士。他性格内向,即使生气,也抑郁于内心,从不外露。病重后,终日正襟危坐,瞑目不言,也不吃喝,数日而死。

关于陆润庠中状元,在苏州曾有这样的传说:慈禧太后觉得苏州状元出得太多,是因为苏州的读书人擅长书法的缘故,于是规定甲戌科考试只凭文章,不论书法。陆润庠文章出类拔萃,工于八股文,而书法欠佳些,哪知新规定反而帮他中了状元。其实这只是传说而已。陆润庠的书法工稳端庄,雍容有度。他擅写行楷,方正光洁,清华朗润,意近欧阳询、虞世南笔法。至今在苏州留有他较多墨迹,在留园、狮子林、网师园等处均能见到他书写的楹联匾额。(见图3、图4)他平时也喜交文人艺友,与吴荫培、叶昌炽、潘遵祁、潘曾莹以及太仓的陆增祥等时有往来。

图3　陆润庠楷书八言联　　　图4　陆润庠书法四屏

现今,陆润庠故居还在,位于今阊门内下塘街10号,但已破落,门口有苏州市文物管理委员会立的牌子:"陆肯堂、陆润庠故居"。

第二章 几经承租（1898—1924年）

祝承桂首租

光绪二十四年（1898）春，苏经、苏纶两厂经理陆润庠在苏州服母丧期满，两厂已经建成，并初具规模，也算是大功告成。陆无意在办厂的路上走下去，便借此机会，回京继续做他的官去了。

陆临走前，召开过一次厂务会议，议题就是两厂由谁接替掌管。经过集众广议，最后确定由当时任两厂襄理的祝承桂接手。

不过，祝承桂是以承租方式接管两厂的，并与苏州商务局签订了承租包办五年的协议。关于接管两厂的这件事情，光绪二十四年（1898）四月二十八日的《官书汇报》记载："在籍绅士国子监祭酒陆润庠经理服阙届期，例应入京供职，集众筹议，由襄理厂务之绅士候选郎中祝承桂取具殷实，订立章程合同，承租包办五年。各股及存款之息，依期照付，盈亏均与老股无涉……"

祝承桂原是一个纸业界的浙江商人，积累了巨资，出钱捐了个候选郎中的官衔。陆润庠办两厂时，聘请他为襄理，协助办理两厂的厂务事宜。

在祝承桂承包期间，似乎是时运不济，虽然起初获利，但由于当时国内棉纱出口受阻，特别是外国棉纱大量倾销中国市场，致使中国的纺织企业亏损折银。如棉纺工业比较集中的上海，当时就有英商怡和、老公茂与美商鸿源、德商瑞记四家纱厂，共有纱锭16万枚，占全市总数的一半之多。而且外商纱厂在生产和经营管理上，要比华商纱厂略胜一筹，致使在竞争中处于劣势地位的华商纱厂举步维艰，经营十分困难，苏纶纱厂也不例外。

不到半年时间，苏纶厂棉纱滞销，产品积压，工人削减。据1899年11

月5日《中外日报》报道:"苏州纱厂(即苏纶纱厂)至去年上半年,每日售出之纱,无不获利,嗣后稍逊;至七月则仅作夜工,出纱遂少一半,工人则大减。"

祝承桂本身官僚习气严重,进出厂须乘坐六人大轿,官架子十足。他还是一个嗜吸鸦片的瘾君子,每次去车间巡视之前,都要过足了烟瘾才肯动身。更为可笑的是,每当新春开工之时,必须摆起香案,由其率领全厂人员,朝蒸汽机顶礼膜拜,祈求保佑。

在企业的经营上,他采用了官场的腐败管理制度。如此这般,致使企业连连亏损,5年之内不仅无法清偿各个股东额定的利息和向商务局上缴的租金,还欠了一屁股的债,日子很不好过,只得厚着脸皮向德商瑞记洋行举债度日。

德商有求必应,源源不断借钱给祝承桂,其实另有图谋,想乘人之危,鲸吞苏纶。而祝承桂利令智昏,竟然应诺,幸而遭到大多数股东的反对,只得噤声作罢。

过后不久,又有一个德国商人以债权人的名义上门讨债,欲想承租两厂,祝承桂也拟答应,但同样受到股东一致反对。

如果祝承桂的应诺得以实现,苏纶厂的命运将不堪设想,幸亏股东们一致反对,否则苏纶厂的历史将被改写成另一种样子。

5年租期一到,商务局总办朱竹石主持审计清算,严厉向祝承桂追讨亏空,甚至将祝承桂看管了3个月。

后来张之洞为祝承桂说情,认为商业盈亏乃常事,只问账目清楚与否,苟无私弊,可奏免之,所亏之款,议定以后来的租商租款抵之。总算为祝承桂提供了一个解困的理由。

祝承桂承租苏纶5年,以亏空和失败而告终。

费承荫缔约承租

祝承桂租办亏空巨大,致使苏纶面临重重困难,官方已无力维持,商务局只得一方面处分祝氏,另一方面照会股东来接办两厂,但股东们因觉得无利可图和以苏纶厂已经成为烂摊子为由,均置不愿,致使两厂停工,另招新商租办。

时过数月,光绪二十九年(1903)四月,由商人费承荫接租两厂,缔约租期订约5年,每年租银为5万两,且按章先缴后办,这样才能交付股东的股息,但利息由原定的七厘改为三厘,盈亏与他人无涉,云云。

费氏接租之事,当时江苏巡抚恩寿向光绪皇帝作了报告,可见朝廷一直关注着苏纶的命运。

费承荫租办后,不到一年时间,时局发生变化。日俄战争爆发,日本忙于战事,无暇顾及棉纱的生产和输出,因而我国洋纱进口骤减,给国产棉纱畅销提供了空间,加上费氏的经营管理远比祝承桂的官僚方式要高明得多,所以获利颇多,不仅扭转了历年亏本的局面,而且每年支付租银5万两外尚有较多余款。

费氏在厚利的刺激下,见发展纺纱业有利可图,便在1905年4月增添资金57000两银,添购英国道勃生厂当年制造的4368枚纱锭的全套纺纱设备,扩大再生产。

此时,苏纶厂的纱锭已从原来的18200枚,扩大到22568枚,生产规模扩大了近四分之一,并且日夜开工,产量骤增,销售渠道十分畅通,所获利润也是前所未有的。据1906年《关册》记载:"闻苏纶纱厂获利颇丰,可为历史之冠","所出之纱,均在本省内地销售"。

于是苏纶日夜开工,营业大振。因此,引起了不少人的觊觎,也给费承荫带来了不少麻烦。

首先,股东们见到费氏有了获利,就急吼吼地屡次提出要求加息,费氏依照合约改息条款,当然没有同意。之后,苏属的股东们又生一计,推举张履谦(又名月阶,三品衔户部郎中)等人与费氏交涉,并突然提出要收回自办。

费承荫以租期未满为由,不同意股东收回自办。

但事情没有那么简单。股东们见提出的加息与收回自办的意见均被费氏一口回绝,便找出许多不是理由的理由纠缠费氏,甚至对费氏恶意中伤。

费承荫在无奈之下,只得禀报农工商部:"租期未满,厂务稍有起色,群起攘夺,请为立案饬行保护。"并附有当时他租办时的一批文件资料。

农工商部接报后,极为重视,即委派上海商会总理曾铸数次来苏调解,以平息争端。经过一番调解后,曾铸将情况回复商部,明确指出:"费承荫向商务局订立租约以五年为期,此时若失信商人于理恐有未合。"

农工商部在曾铸的汇报上批复:"不同意股东随意中途提出自办","待费商租约期满后,再由股东们商议收回自办"。

至此,近三个月的费、张争执一案,终于尘埃落定。

股商收回自办

至1908年,租期已满,费承荫认为股东言而无信、不守合同,因此无意续租,而股东正有收回之意,因此顺理成章地收回了苏纶。在交接时,股东们备款55000两银收购费氏所添的机器设备,并偿还祝氏承租时所欠德商的借款,同时聘请张履谦、吴本善为正副经理。

踌躇满志的股东们,试图依靠自己的力量,重振苏纶山河。

从这时起,苏经、苏纶两厂开始了"股东收回时代"。

是年7月,官商进行交接,商股正式接收苏纶、苏经两厂,暂定周廷弼为总经理。

紧接着,周廷弼召开了第一次股东会议,制定了公司章程,确定公司名称为"商办苏经苏纶股份有限公司"。显然,这时的两厂已经从原来的官督商办,完全蜕变为商办的性质。

收回自办后,股东们想当然地认为只要有厂房,有机器日夜运转,就能坐收红利财源滚滚。其实他们的想法太过天真与幼稚。

收回自办后不久,股东们就面临流动资金贫乏、设备陈旧亟待修缮等问题,欲招新股40万两,结果情况不妙,只集得14万两。收回自办前,按规定需归还藩库银6万两,九折承买费承荫添建的厂房等,因资金贫乏,难以应付而陷入困境。加上此时股东之间出现了矛盾,互相倾轧,致使企业入不敷出、亏损严重。

在一片埋怨声中,两厂总经理周廷弼陷入困惑之中,只得自行退位。

之后,两厂股东在苏州商务总会进行选举,选举王同愈为总经理,王驾六为协理,以及董事员、查账员等一俱人选。

不到半年,王同愈入京做官。宣统元年(1909)九月初二,两厂再行选举,选举结果:前户部郎中张履谦任总经理,候选郎中王驾六任协理。

股商收回自办不到一年,经理三度易人,折腾来折腾去,严重影响到两厂的生产经营。

在张履谦自办经营的两年中（1908年至1909年），一方面经营失利，一方面市场竞争激烈，光江苏省就增加了南通大生一厂、二厂，无锡业勤、振新纱厂，常熟裕泰纱厂，太仓济泰纱厂，江阴利用纱厂等8家纱厂，另外日本、印度的棉纱也大量进口。在这种情况下，苏纶厂无疑举步维艰，只得时停时开，加上棉纱滞销，结果亏损银元7万两。

张履谦因陷入困境的泥淖而不能自拔，在宣统三年（1911）正日的股东会议上，提请告退。

苏纶纱厂又走入了停工的休眠期，工厂没有收益，随之股息停发。

在股商自办期间，其实就是股东们租厂自办而已。股东会议成了罢免机器，并没有拿出应对困境的良策妙计。

无奈之下，彷徨的股东们只得采用以往惯用的老法子：招商承租。

源记公司许松春租办

股商自1908年7月接办两厂至1912年的四年，经营亏损停工将近两年后，另招新商许松春承租。

当时许松春虽然愿意承租，但把握不大。为谨慎行事，只与股商签订了一年的承租期，即从民国元年（1912）8月5日起，到民国二年（1913）8月5日止。

合同规定，年租金为47000两银，但需按季预付，每季付11750两银。租期之内无论开工与否，租金仍需照付。

合同还规定，在租期内，如有锅炉、引擎、机器损坏，大修理的费用由厂商承担；纱牌用"天官"，如纺副号另行换牌，所用"天官"纱牌的，租商应另行加记以示区分，庶无妨碍"天官"牌面。由此可见，股商颇有名牌和商标意识。

另外，还规定租商对苏纶厂名不得更改，但可另立"源记"以示界限。还规定，全厂房屋机器等财产由厂商自行办理保险，厂内获有盈利，租商将所余红利提十五分之一予厂商。

还规定，"厂内各车间的机器，应作出保全计划，每日需停出一二部，每一旬亦需按厂例停工一日揩油保养，以保护公物"，等等。

源记公司许松春承租后，工作较为顺利，在一年内获利尚丰。

租期一到，尝到甜头的许松春见有利可图，又续租了一年。之后，又续租了两年。尽管此后两年的租金分别提高为 55000 两银和 62000 两银，精明的许松春还是从中获得了丰厚的利润，把自己的钱袋子装得满满的。

1917 年 2 月，源记公司租期届满。许松春心里清楚，若要续租，因厂房机器均需整修，必须投入一笔不小的费用，权衡利弊，觉得有些得不偿失。

那就见好就收吧！

精明的许松春激流勇退，决定自愿退租。

后来，许松春利用在租办苏纶厂的四年多时间里赚取的收益，到上海开办了永豫纱厂，开始了他的自主创业之路。

不管股商赚了还是没赚，租商许松春总是一个大赢家。

在许松春租办苏纶厂期间，有一件事不得不说，那就是厂商王驾六承买厂房基地。

苏经、苏纶两厂在创办时的地基，租用的是官地，每年要缴纳税银，但当时两厂经营亏损，光是从 1911 年至 1912 年就欠银 5600 两之多。由于厂商拖延不缴，又意欲买下，所以经江苏省财政厅同意，由王驾六承买。以实地丈量测查，王驾六拿出 13000 余两银元买下了两厂的厂基和占地。

至此，苏纶纱厂剥离了对官方的最后一点依附，完全成了私有企业。

这是苏纶历史上的又一个不可忽略的转折。

宝通公司刘伯森接租

源记公司许松春不再续租苏纶之后，厂商只得重新招租。

接租的是新商宝通公司的刘伯森。租商与厂商签订了一份与源记公司大同小异的合同，租期自民国六年（1917）3 月 1 日到民国十年（1921）6 月底。每年租价为 6 万两。同样规定，苏纶厂名不得更改，纱牌用"天官"，由租商另行加记，等等。

宝通公司接租后，首先对全厂的科室与生产车间等方面进行了调配和整顿，同时加强技术力量的配备，其中包括技师、总管等。

精于经营管理的租商刘伯森,通过对市场的调研与分析,决定采取以市场决定生产、以流通促进经营的理念和策略,从而使苏纶棉纱很快打入了各埠市场,获得了不小的份额,因此生产销售蒸蒸日上。

据1918年的《江苏省纺织业状况》记载:"苏纶纱厂民国六年刘伯森宝通公司承租,值兹棉纱畅销之际,转亏为盈,乃是意中之事。苏州素不出棉,苏纶的原料向太仓、江阴、常熟、南通等处采办,每年约需棉花55000担以上,出纱每年约15800包,吞吐量均有增加。其支数为10、12、14、16支四种,而10支纱为最多,14支次之,商标仍为'天官'。"(见图5)

图5 苏纶纱厂的"天官牌"商标

以往,苏纶棉纱的销售范围局限在无锡、江阴、常熟、南通、海门等地,宝通承租后,改变了经营策略,并采取洋关报税,由沪转销,销售网络辐射至奉、直、皖、浙、蜀等省。由于纱销畅旺,企业因此获利丰厚,股东们也从中得利不少。

目光短浅的股东们总是在自身的利益上患得患失。租商的获利让股东们十分眼红,他们又使出惯用的老套路:租期满后,不让宝通公司续租,要求收回自办。

民国十年(1921)2月7日,股东召开会议决定:租厂合同期满后,仍将该厂出租,租价相同,但须先尽老股东租办。对于股东们的出尔反尔,宝通公司大为不满,遂提出抗议,因租办合同载明:承租期满,倘仍出租,须先尽到宝通。

宝通公司愿意继续租办,并不愿意放弃此项优先权。这事在股东之间也出现了不同的意见。一派是以典业公会为首的一干人,成立"联合会",反对宝通公司续租,准备由他们接办。另一派是上海律师事务所蔡倪培等人,成立"维持会",坚持原议,认为只要能维护股东利益,可不问承租者为何人。

为此,双方各执一词,吵得面红耳赤,剑拔弩张。最终由两厂经理王同愈、协理王驾六拍板,由宝通公司继续承租。

一场宝通公司续租风波,终于平息。

宝通公司在1923年继续租办后,适逢国内军阀混战和帝国主义加紧对华侵略,中国的纺织业处于萧条时期。1924年《申报》刊载的《我国棉纺织业观》中评述:"我国纱锭增多,以民国七年至十一年四年中为最多,年末花贵纱贱,厂业凋落,固无添锭之举,且停工者时有所闻。"因当时纱价大跌,宝通公司不得不将两厂暂停夜工生产。由于时局不稳,纱业萧条,得利甚薄,宝通公司以机器设备太旧、生产困难为由,要求解约,并停付了租金。此事经过股东多次交涉,没有达成协议,股东不得不垫出一些资金,修理了部分设备,但宝通公司并不满意,仍要求解约。

交涉了近两年时间,双方始终没能达成协议,股东们最后不得不与宝通公司解除了租约。

无法探寻刘伯森的生财秘笈,是不是他在账目上动了手脚,使用了瞒天过海的伎俩,不得而知。反正他在承租期满后,如前任承租人许松春一样,带着鼓起的钱袋回到上海,开办他的宝成纱厂去了。

从1923年起,苏纶纱厂又一次处在了停业待租的状态。股东们为了不让机器设备闲置,只得开始了新一轮的招商引租。

自从陆润庠离厂入京做官后,在1898年至1924年的27年间,承租商从祝承桂到费承荫,再到许松春、刘伯森,换了一个又一个,如同舞台上粉墨登场的角儿,你方唱罢我登场。在股东与租商的一次次博弈中,有着那些说不清道不明的纠结与瓜葛,让苏纶充满着太多的或困顿、或无奈、或彷徨、或悲切、或苦楚、或迷茫……但尽管它踯躅的脚步走走停停,还是在风雨中一路走来。

此后的苏纶,又将执于谁手呢?

第三章 严氏执掌（1925—1936年）

严裕棠谋定而动

1925年，上海民族资本家严裕棠租办了苏纶纱厂。其先是与人合租，继而独租，再而买断，最终使苏纶纱厂成为严氏的独资企业，从而结束了自创办以来屡换租户的混乱局面，开创了一个由严氏父子经营达三十年之久的"黄金时代"。

宝通公司退租以后，股东们另觅新商。上海洽记公司的吴昆生获悉后，即与严裕棠、毛鉴清、吴士槐四人商量租办苏纶纱厂。

民国十四年（1925）八月十五日，两厂经理股东代表张一鹏与洽记公司代表严裕棠、毛鉴清签订了租厂合同。严裕棠从此不仅接手苏纶，而且与苏纶的命运紧紧地维系在一起，创造了苏纶前所未有的辉煌。

严裕棠等人租办苏纶纱厂之后，将厂名改为"苏纶洽记纱厂"。吴昆生为厂长，吴士槐任工务总管。但在一年之后，由于意见不合，经常产生摩擦，难以合作下去，严裕棠瞅准机会由他独租，任命其长子严庆祥为总经理。

严氏租办苏纶纱厂时，正值帝国主义对华经济侵略的缓和时期，加上国内抵制洋货运动如火如荼，这给中国民族资本尤其是民族棉纺织业创造了拓展市场的发展空间。因此，苏纶在这一时期盈利上升。在高利润的驱使下，为了做大做强，严裕棠萌生了买下苏纶纱厂的念头。

严裕棠谋定而动。

为了实现自己的目标和利益，严氏使出了浑身解数，而且是不择手段。

严裕棠先是以厂房危险为借口，继而又以停工和停付租金相逼，欲使股东就范。此招一出,果然见效,打乱了股东们的阵脚。老股东聘请律师控告严氏违约,严裕棠也聘请律师答辩。一场股东与租商之间的纠纷诉讼之火复又燃起。

为了各自的利益,双方各不相让。严氏很懂得舆论的作用,在诉讼期间先声夺人。一方面以工人的名义,声称厂房年久失修,危及工人生命,发表联名呼吁,进行公开申诉;另一方面疏通报业人士制造舆论,并在《苏州明报》上连续5天刊登《苏纶纱厂全体职工敬告苏经苏纶丝纱两厂总代表的信》。

此信在报上一登,引起社会一片哗然。

官方因此勒令苏纶停工修理。

股东们对洽记公司翻脸不认人的行为非常气愤,尽管在报上进行了反驳,但收效甚微。在社会舆论及官方干预的压力下,股东们不得不妥协让步,拿出一笔钱对厂房进行修理。经过此事,股商已经大伤元气,人心离散。

树欲静而风不止。

洽记公司在修理厂房纠纷平息之后,又以种种借口,找股东麻烦。股东们被弄得焦头烂额,无所适从,只得召开股东会议,立了《绝卖文契》,拟将两厂招标出卖了事。

严氏在招标时,又施展了一番手段,最终以最低价30.05万两银元,于民国十六年(1927)12月7日买下了苏纶、苏经两厂。在买厂款中,严氏邀约李仲斌(严庆祥岳父)为股东出资,但李氏只占了一成。这样,苏纶厂名义上是严、李两家合股企业,实际上已成为严裕棠的私人企业。

在苏纶的买卖之间,严裕棠笑到了最后。

从合租到独租,再到买断的三部曲中,严氏可谓处心积虑,步步为营。他精心策划,导演了一部风生水起的活剧。

掘得第一桶金

严裕棠(1880—1958),号光藻,生于上海严家宅。(见图6)其父严介廷是英商自来水公司厂买办,叔父严介坪为英商老公茂洋行买办。严裕棠青年时期,经叔父介绍到英商老公茂洋行当听差,此后其父介绍他去公兴铁厂当跑街。1902年,他与铁匠出身的褚小毛在上海合办了一家小型作坊,取名"大隆铁工厂",初办资本7500两银,分为三股,严裕棠占2股,褚小毛占1股。雇佣工人6至7人,学徒数人,为几家中外丝织厂和轧花厂修理机器。次年添购机器,又为外轮修配机件,营业十分顺利。

合资经营的牵掣,总让严裕棠觉得放不开手脚,他动起了单干的念头。如若半途单飞,要踢开褚小毛,这毕竟是背信弃义的事,要如何才能不授人话柄呢?

图6　严裕棠像

严裕棠的计谋很巧妙。

他先是有步骤地侵吞账户,不久,性情直爽的褚小毛发现后勃然大怒,一纸诉状递上衙门。可他哪知道,深谙钱能通天的严裕棠早已左右上下打点摆平,还买通了账房先生倒打一耙诬蔑褚小毛,再逼其退股。

气急败坏的褚小毛只得退股了事,与严氏分道扬镳。这,正中严氏下怀。

此招真可谓辣手。

褚小毛负气而走,严裕棠独坐"大隆铁工厂"。一夜之间,"大隆"成了严氏的独资企业,是年1907年。

此后,"大隆"以修理纺织机为主,业务十分兴盛。至1912年,已拥有固定客户40余家,其中还有英商、日商几家客户。第一次世界大战期间,随着民族纺织业兴起,"大隆"又多了一批客户。为了进一步扩大生产规模,在上海大连湾路建造新厂房。严裕棠派长子严庆祥任厂长,承制纺织机的全部传动装置,并试制各种机器。此时的"大隆",有工人300多人,并拥有一批技术人员,资本为开办时的20倍。1922年以后,"大隆"开始仿制日本丰田式棉织机和英国的道勃生纺纱机。

1924年,"大隆"在光复西路购地60亩(大隆机器厂现址)建造厂房,再度扩大生产规模。此时全厂拥有职工1300人,工作母机200余台,不仅成为当时华商经营的最大铁工厂,而且成为当时中国纺织机器制造的大佬企业。

自从"大隆铁工厂"交由严庆祥经营管理后,严裕棠就有时间腾出手来,涉足其他行业。他发现经营房地产的买卖交易是一个不错的商机。结果在上海十里洋场逐步形成繁华都市的过程中,在地产价格一路扶摇直上中,严氏又挣了一大笔钱,积聚了大量财富。

严裕棠从办铁工厂起家,掘得了第一桶金之后,从小到大,一步步走来。不得不让人佩服他在创业中所具有的胆识与魄力,却也可一窥他在原始积累中,在与同行的竞争和博弈中表现出的机智,以及肮脏的算计和不为人道的发家历史。

不管怎么说,这时的严氏已成为沪上著名的企业家,在上海商界有着一定的声望。

严氏执掌苏纶

1925年,严裕棠与吴昆生等合租苏纶纱厂,后又由严裕棠独租。1927年,严裕棠与李仲斌以九比一的股份比例(严氏为九,李氏为一)合资买下苏纶后,成立了"光裕公司"。严裕棠从自己的号"光藻"中取一"光"字,从自己的名"裕棠"中取一"裕"字,组成"光裕",寓以"光前裕后、兴旺发达"之意。光裕公司是苏州苏纶纱厂与上海大隆机器厂的总管理机构,严裕棠自任总经理,严庆祥任副总经理,自此开始了实施严氏家族"棉铁联营"的宏图大略。

严、李合资买下苏纶资产后,厂名改为"光裕营业公司苏纶纺织厂"。

为了做大做强苏纶,严氏励精图治,可谓殚精竭虑,不遗余力。1931年,严裕棠争取到中国银行150万元为期三年的长期贷款,用于翻修厂房和添置机器设备。苏纶原有纱锭2万余锭,经过一年多的修整,即增设分厂一所,增加纱锭2万锭。接着又成立附属的织布厂,初有织布机320台,两年后又添720台,达到了拥有千台织布机的大型规模。

值得一提的是,严裕棠扩厂的机器设备,除一部分进口外,大部分都是光裕公司的"本作货",即是大隆机器厂生产制造的。"棉铁联营"在苏纶与大隆得到了初步尝试,并获得了良好的效果。

严庆祥任苏纶纺织厂经理后,治厂有方且善于管理,不仅对厂务进行了一系列的调整,整顿经营管理,而且还大刀阔斧地精简机构,减少层次,

从而使得全厂的生产与经营管理处于高效的运作之中。(见图7)

由于生产规模扩大,原有的蒸汽引擎已经陈旧落后,严裕棠向瑞士订购了一台2500千瓦的交流发电机,自办电厂,安装236台电动机作为纺纱织布的动力。至此,苏纶厂已有职工3000余人,年产棉纱3万余件(包),棉布11万匹。苏纶出品的"天官牌"棉纱,因质优畅销而名声大振,成为上海交易所中期货的筹码。

图7 严庆祥肖像

苏纶一飞冲天,带给严氏的纯利,每年均达40多万元,严家获得了巨大的经济效益。

1929年的《苏州明报》称:"苏纶纱厂去岁由沪人严裕棠接办后,虽开工才四个月,而获利已颇丰厚。俾为国货争光,以夺舶来品之席。"又称:"该厂一切设备井井有条,职工待遇亦极优,并有工人医院、工人子弟学校,求之苏地各厂,尚属仅见也。"从以上报道可以看出,当时的苏纶纱厂在市场竞争中已经崭露头角,生产经营管理诸方面呈现出稳步发展的良好势头。(见图8)

图8 商标局颁发的商标证

在这里不能不说到苏经丝厂的消亡。

严裕棠买下苏经、苏纶两厂后,把主要的精力放在了苏纶上,而苏经丝厂一直得利不多,严氏就想另招新商租办或出卖,结果登报后一直无人问津,最后不得不关闭该厂。

此后,苏经丝厂一直闲置着。

至1937年,严氏在苏经丝厂的原址上,改建成苏纶小学校。抗日战争时期,此地被日军占用,作为日军海军陆战队第一炮艇队基地。

1947年,苏经丝厂的厂房及基地全部出租给苏州纱厂。

到1957年12月,苏经丝厂的房基地全部调拨给苏州针织内衣厂。

其实,苏经丝厂早已淡出了人们的视线,隐没在过往的历史烟云之中。

自办电厂始末

随着苏纶厂生产经营的规模不断扩大,原有的动力设备旧式蒸汽机引擎、柴油机引擎已经不能适应,再加上苏州电气厂供给的电力,由于设备种类不同,效果较差,动力费用高。为了更好地与时俱进,满足日益增长的生产需要,严庆祥思量再三,决定自己筹备电厂,自有自方便。

1933年,严庆祥与新通工程公司签约购买瑞士BBC公司制造的2500千瓦汽轮发电机一组、英国勃伯格公司制造的多管式锅炉2台,然后依据新通公司提供的图纸,在二纺工场西面,建造电厂厂房。

此汽轮发电机体积小,耗煤量低,效率高,在当时国内的工厂中,使用这种发电机的,唯有苏纶一家。

有了足够的动力能源,苏纶乘势而上,向合中企业公司购买了AEG厂制造的大小电动机236台,用于纺纱织布机,使苏纶的生产技术向前迈开了一大步。

苏纶电厂从设备到建筑,共耗银70万两。签约施工后,仅用13个月建成厂房,设备安装完毕,发电机即投入运行。

自此,苏纶厂结束了自建厂以来,靠蒸汽机、柴油机作动力的历史。先进的动力设备的应用,对于苏纶厂的生产发展,以及成本的降低,起到了至关重要的作用。

据当时苏纶电厂的姚姓工程师在《苏纶纺织厂自办电厂》中记述："苏纶电厂建办三年后,从电费上赚了钱,已经收还总投资数。"换句话说,自办电厂效益可观,三年的收益,即可重建一个当时规模的苏纶电厂。

苏纶自办电厂成绩斐然,确实走了一着妙棋。

此后,苏纶电厂通过调整和加装设备,日夜发电10万度,加建一条输电线杆与胥门发电厂联通并网,向市区送电,惠及苏州市民。当时许多市民家庭的照明用电,用的就是苏纶电厂发的电。

苏纶电厂的建成在苏州起到了引领作用。此后,华盛造纸厂、太湖面粉厂、鸿生火柴厂等,也相继购进发电机自行发电。

新中国成立后,苏纶电厂划归苏州电气公司管辖,定名为第二发电厂。1966年"文革"开始,奉上海华东电管局命令,第二发电厂的机电炉及全部设备拆迁安徽屯溪,工人随行,至此结束了苏纶自办电厂的历史。

"棉铁联营"效应

严氏家族企业之所以能在当时的上海滩异军突起,独领风骚,主要是得助于它的"棉铁联营"的产业链。

1927年,是严裕棠实行"棉铁联营"的一个转折点。自从他买断了褚小毛的股份,将大隆铁工厂变为严氏独资企业之后,他承接的修配加工业务不断扩大。

而此时,他看到国内的棉纺织业正在蓬勃兴起,而相应的纺织机械极少由本土生产,都是高价从外国进口,不仅购价高昂,而且维修也不方便。

此时的大隆由于拥有了较强的技术力量,仿制和修配水平是同业中的佼佼者,因而获得了英商恒丰洋行和日商内外棉公司的两大订单,并先后与40余家客户建立了业务关系,进而有了长足的发展。

1914年,第一次世界大战爆发,西方列强卷入战争旋涡,长期受到扼制的中国民族工业得以复苏,纺织业发展很快。

严裕棠更加意识到,中国应该有自己的纺织机器,而大隆也应该制造出中国的纺织机器。

在近代,中国自身的机器制造业十分落后,传统的铁器作坊无法承担制造和维护大型生产机器的使命。无论是洋务运动期间军事及民用工业的大发展时期,还是民国初期民族工业的大发展时期,中国的机器设备基本上都是通过洋行由英、美、德、日等国进口。民族机器制造业虽然在学习与仿制之中缓慢进步,但仍满足不了兴办工业的需求。

严裕棠知道,大隆要想摆脱低层次的机器修配,转向高水平的整机制造,最重要的就是要培养自身的技术队伍,走技术自立之路。

严裕棠有着高瞻远瞩的目光,他不仅是一个精于筹划的企业家,还是一个务实求真的实干家。

他通过加强工人的技术培训、引进一批新式的技术专家、设立技术研发机构等措施,全面提高了大隆的机械设计和制造水平。经过努力,大隆从机件仿制,逐步做到能够仿制整机和自行设计各类纺织机器设备,并实现了流水线生产。

由此,大隆成为华商机器制造业的骄傲。

大隆的技术水平在不断提高,但同时市场竞争也更加残酷。第一次世界大战结束后,外国资本卷土重来,致使许多在大战期间发展起来的民族棉纺企业纷纷倒闭,民族机器制造业也承受连带之痛。由于民族机器制造业整体水平较低,华商纺织企业除在维修方面倚重本土企业之外,仍然从国外进口整套设备。

因华商轻视国货,大隆产品销路不畅。

面对市场的冷遇,严裕棠不甘心,他做了一个大胆的决定:没有人购买纺织机器,就自建纱厂,自制自销。

严裕棠开始了他"棉铁联营"的大胆构想。

1925年,严裕棠租办连年亏损的苏州苏纶纱厂,更名"苏纶洽记纱厂"。在全面接办苏纶后,由大隆机器厂对原有机器进行全面整修,并采用大隆机器厂的纺织机器增设了苏纶二厂和一个织布厂。苏纶纱厂重新开工后,由于机器购买及维修成本低廉,产品成本远低于其他纺织厂,产品质地也十分优良,因此一改过去徘徊不前的局面,连年获利甚丰,为当时一般纱厂所望尘莫及。

对此,严庆祥总结说,苏纶纱厂"无论工务方面,人才方面,均不能不依靠于大隆,如机器之修理添补等,如无大隆决不如是方便,人才非大隆积久训导,决无如是之适用"。

可见,严裕棠的"棉铁联营"方略,使苏纶与大隆紧紧维系在一起。

1927年,严裕棠重组设立光裕公司,总管大隆、苏纶两厂,自任总经理,长子严庆祥为副总经理。从1930年到1931年,苏纶厂销纱3万余包,布11万匹,年盈利达40万两,大隆产品的销路问题也解决了。1934年,严氏向中国银行和劝工银行购进倒闭拍卖的上海隆茂纱厂,改称"仁德纱厂",使用大隆自产的成套纺织机器重新投产。

苏纶和仁德纱厂的成功,使其他纺织厂家打消了顾虑,如上海的永安纱厂和鸿章纱厂,江阴的利用纺织厂,也开始先后采用大隆的成套纺织机器。

此外,严氏父子还向常州民丰纱厂、郑州禄丰纱厂、江阴通仁毛棉纺织厂等一些纺织厂投资,成为这些厂的股东,这些厂尽量购买大隆的纺织机器,也就成为理所当然的事。大隆也尽心尽力,为这些厂提供从供货、安装、调试到维修的一条龙服务。

严裕棠的棉铁联营企业,到抗战前发展到了它的顶峰。1937年,大隆资本总额为法币50万元,各种工作母机500余台,工人多达1300多人,所获纯利20余万元。上海鸿章纱厂评价说:"我国最先仿造纺织机器其成绩最良,规模最大者,现惟大隆机器制造厂一家而已。"

1938年后,上海租界成为孤岛,形成畸形繁荣状态。严裕棠转而开办泰利制造机器有限公司,聘美商恒丰洋行安特生为董事长,假美商名义进行经营,其班底仍是大隆厂的。当时,华界纱厂为避战祸,都向租界转移,泰利生产的成套棉纺机、织布机和各种机件销路很好。抗战胜利之后,严裕棠继续实施其棉铁联营策略。从1947年到1949年,严家父子还与人合资在苏州开办了苏州纱厂,在香港开办了另一个纱厂。

独树一帜的"棉铁联营",让严氏在激烈的市场竞争中长袖轻舞,左右逢源。

卓有成效的"棉铁联营",走出了一条严氏独特的经营之路。

严氏的人事劳工管理

严裕棠自从买进苏纶以后,非常重视工厂的内部管理。他认为,要管理好一个企业,就要有足以信赖的人才,这是他的治厂之道。所以全厂各部门的主要人选不是严氏亲属,便是他的亲信,其中不少是他在"棉铁联营"企业中培养出来的学生。由于这些学生大多是贫寒人家的子弟,能够在严氏企业谋得一个职位并不容易,入职后薪酬待遇又比较优厚,因此在工作中恪守职责,唯命是从,不敢有半点懈怠,唯恐落下把柄丢了饭碗。

另外,严裕棠还分别委派其子严庆祥、严庆祺等担任总理、副总理之职,从而保证了他对苏纶的大权独揽。尽管严裕棠长期居住在上海,光裕公司办事处也设在上海,但丝毫不影响他居高临下对苏纶的运筹帷幄。

苏纶,包括其他严氏企业的一切,都在严裕棠的掌控之中,他有这样的定力和威势。

严庆祥在经营苏纶时,暗中还做一些棉纱的买卖。1932年淞沪抗战爆发,严庆祥利用棉农恐战心理,大量廉价收购原棉,在上海缺棉时高价抛售,一个多月就赚了好几倍的钱。之后,他又几次低购高抛获利。正应了"利令智昏"这句成语。1935年,严庆祥在抛售纱布时,因市场行情风云突变,结果一下子亏了80余万元,投机失败,亏损累累。陷于困境的严庆祥几乎轻生。由于花纱买卖蚀本,至此严庆祥失去了行业中的领头地位,也失信于其父严裕棠。

为此,严裕棠不得不把原来由严庆祥总理的各厂分而治之,将大隆、苏纶、仁德三个主要企业,分别交由其他几子严庆龄、严庆祺、严庆垂掌管。同时改组了光裕营业公司,在上海江西路451号设立苏纶纺织印染有限公司。严裕棠的四子严庆祺任苏纶总经理兼厂长后,苏纶纺织厂的全称改为"苏纶纺织印染股份有限公司苏纶纺织厂",并撤换了一批原有的主要人员。

苏纶职员的薪酬,与别的同行企业相比,明显要高出一筹。厂里的一般职员月薪可得一二百元,中级职员的月薪为二三百元,高级职员则在五百元左右,其中还不包括各种额外酬劳。

与职员的高薪待遇迥然不同,工人的收入则少得可怜。工人的工薪与职员相比,竟然相差几十倍,甚至几百倍。当时的工人工薪,除少数按日计算以外,大部分是按件计算,细纱论"木棍",摇纱论车数,织布论长度,一个班12小时做下来,仅能挣得五角至七角钱,组长等人也不过八九角钱。工人所得的微薄工资,在当时只能维持最低的生活水平,一旦失业,就完全没了生活保障。

苏纶厂也使用了不少童工,他们要做大人一样的活,工资却少得可怜,有时还要受"拿摩温"(旧中国工厂中工头的别称)的辱骂和毒打。

还有养成工(试用工),进厂之后,不仅没有工资,而且是什么工作都要做,做了几个月,厂里认为可以用,也最多发两角钱一天的工资。所以,几乎是所有的养成工学会了技术之后,都不愿继续做下去。但厂方不允许他们离厂,许多养成工只得丢下铺盖越墙而走,另谋出路。

苏纶的车间生产由"拿摩温"管理。工人下班时,实行抄身制度,由厂警抄身,防止出厂工人偷带东西。另外,厂里警卫组还设有"更表箱",如果值班人员不巡视到岗,"更表"就不转动,这就是所谓的考勤。

有关严氏在招收职员时"以字取人"的逸闻,值得一提。严庆祥在执掌苏纶期间,因他有些艺术修养,尤其喜好书法,故凡新招职员"投档"时,要求用毛笔写一份个人简历。严庆祥往往在书法写得好的人中选取录用。他认为"字如其人",字迹优美端庄者,人品与行为举止亦然。新中国成立前苏纶曾有100多位职员,俗称"一百零八将"。新中国成立后大多被继续留用。笔者接触过他们,确实个个都写得一手好字。例如在厂职工医院开账单的朱姓原职员,她写的蝇头小楷,那真是漂亮得很。虽然那些职员不是什么书法家,但在笔者看来,如果拿他们写的字与有些书法家写的字去比,也是毫不逊色的。

严庆祥于1959年退休后,经常与一些老友、艺术家交往聚会。他晚年主编的《中国楷书大字典》,历经6年,于1985年10月由江苏古籍出版社出版,并获江苏省优秀图书一等奖,足见其揣摩书法的功力了。

由此,严庆祥的"以字取人"就不足为奇了。

严裕棠遇险记

自从严裕棠成为沪上著名实业家后,报上时有报道他领衔的光裕公司连年获利丰厚的消息,不免引起黑社会和流氓混混的觊觎。

严裕棠在上海,先后有两次被绑匪绑票。但严氏命大,两次都化险为夷。

1928年10月22日,正是金秋时节。上午9点3刻,严裕棠乘上自己的黄包车,前往江西路上的光裕公司上班。突然有一辆挂有黑色车牌的汽车,从严裕棠包车后面悄悄地超了上去,一下超到了黄包车前面,"嘎吱"一声,汽车一个急刹车停在黄包车前面,正好堵住了严裕棠包车的去路。严裕棠正在纳闷时,忽见汽车两边车门大开,分别跳出一高一矮两个手持短枪的汉子,急步朝严裕棠包车奔来,喝令:"快下来!"

正在这紧急关头,严裕棠的包车夫沈兆荣使出了平时学到的拳脚功夫,说时慢那时快,他猛地把车子把往下一按,快速腾出手来猛地一把抓住了高个匪徒的手腕,匪徒的手枪顿时落到了地上。匪徒万万没有料到车夫有此举动,惊慌之下乱了阵脚,急忙挥拳朝沈兆荣打去。沈兆荣边厮打边高喊:"捉绑匪,捉绑匪!"此时,沈兆荣眼见严裕棠已被矮个匪徒用枪逼到汽车门边,立马飞身过去,朝着矮个匪徒脸上就是一拳,同时抓住了匪徒持枪的手腕扭打起来。矮个匪徒在扭打中慌忙扣动扳机,"砰、砰、砰"三声枪响,严裕棠应声倒地昏了过去,两名匪徒见势不妙夺路而逃。

在闻声赶来的华捕、印度巡捕和英国巡捕的合力围捕下,两名匪徒还想负隅顽抗,朝警察开枪,结果反被警察击毙。

沈兆荣返身叫住了一辆过路的汽车,火速将严裕棠送到公济医院抢救。严裕棠虽然身中三枪,却无一致命,就这样与死神擦肩而过。

经过几个月的调养,严裕棠的身子很快得到了恢复,之后依然精神抖擞地投入到他的公司业务中去。

事隔三年多,严裕棠遭到第二次绑票。

1932年5月4日上午8点多钟,严裕棠坐上了自备汽车去光裕公司上班。车到江西路58号公司门口停下时,严裕棠正欲举步跨出车门,突然从斜刺里冲出三个持枪匪徒,两个上前用枪顶住严裕棠的头部和胸部,喝令不许声张,同时连推带拽地将他重新推进车里。被劫持的汽车在上海的马路上东拐西弯地开了不少时候,最后,在一座有花园的小洋房边停下。

严裕棠被带到二楼的一间房间,门窗紧闭着,由一个彪形大汉负责看管。这个看守对严裕棠倒也客气,开口"严先生",闭口"严先生",只是有一点毫不含糊,即白天黑夜寸步不离。由于绑匪目的是勒索巨款,所以他们在生活上并不苛待严裕棠,每日里好饭好菜相待。

严裕棠失踪后,严氏家族连忙报警,警方随即开始了搜救行动。

绑匪只是向严裕棠索要一笔高额的赎金,但因为风声一直很紧,怕露了马脚,不敢打电话到严氏的家里。对于绑匪的敲诈,严裕棠冷静应对,巧言周旋,说自己也是刚刚创业,钱都投入到新办的企业中去了,只要放自己出去,一定会筹措一笔钱给对方,并对那个看守许诺,如能帮自己逃生，日后一定重酬。

看守听后，不置一词。

严氏家人依然在寻找中苦苦地等待着严裕棠下落的消息。

而严裕棠被关进小楼后，与家人和外界失去了联系，他只得在度日如年的孤寂中苦苦地煎熬着。他不知道自己何时能走出这恐怖的阴影而重获自由。

一次偶然的机会，无意间让严裕棠幸运地脱险。

6月5日，下午3点多钟。严裕棠突然听到一阵急促的敲门声。之后又听到屋外人声嘈杂，走廊里的来往脚步声很是杂乱，他意识到外面可能发生了异常情况。一阵杂乱声后，外面又是死一般寂静，这时他身边的那个看守已不知去向。他暗自思忖，外面情况肯定有变，于是故意在房间里蹬蹬地踱步，并狠狠踢了几脚房门，外面仍然毫无声息。严裕棠轻轻打开房门，探头看去，果然不见一个人影。于是，他马上疾步下楼，猫着身子蹑手蹑脚地奔出庭院。当他刚跨出铁门时，一眼瞥见一辆轿车停在门口正要开走。严裕棠刚欲避开，那车里下来一个大汉想拖他进车，严裕棠因逃命心切，使出全身气力将来人推倒。这时，正有几个英国巡捕朝他们走来，那个大汉见势不妙，踉踉跄跄爬将起来钻进车子一溜烟开走了。严裕棠惊魂甫定，马上叫住了一辆正巧路过的黄包车，一路向光裕公司奔去。

两次遇险，不免给严裕棠在身心上造成了难忘的伤痛。

新中国成立后，严裕棠去了巴西。1958年9月，严裕棠夫妇俩在归国途中被小儿子严庆龄接到台湾休养。25天后，严裕棠不幸突发心脏病去世，享年78岁。

苏纶厂的汽笛声

对于上了年纪的"老苏州"来说，依稀还能记得苏纶纱厂"呜呜呜"的汽笛声。随着响起的汽笛声，上早班的工人开始陆续向厂里走去，做夜班的工人便知道快到下班时间了。汽笛声是苏纶纱厂工人上下班的钟点报时。

苏纶建厂时厂里已有两千工人，大都来自江阴、丹阳、常熟、太仓，以及苏北等地，除少数工人在厂里住宿，大多分散在盘门、南门以及苏州其他各处街巷和郊区农村。那时候，钟表是稀罕物，对于生活拮据的工人来说,能有多少人买得起一只钟表?工厂为了保证生产正常运转,便以汽笛替代钟表报时。当时苏纶纱厂实行"六进六出"的两班制,所以厂里每天拉响两次汽笛:一次是在凌晨的 5 时,一次是在下午的 5 时。每次鸣汽笛时,声音先是由低渐强,然后持续两分钟,再渐渐收声。

苏纶的汽笛,设在厂里电厂三楼的顶层,由锅炉间放蒸汽震动汽笛中的簧片而放声。由于汽笛凌空高筑,加上电厂锅炉的蒸汽劲足,所以汽笛声高亢而响亮,且传得很远。据健在的一些老工人回忆,当时他们有的住在火车站、虎丘一带,汽笛声也能听得清清楚楚。现在想来这也不足为奇,因为当时苏州城内外极少有高层建筑,而且极为静谧少有噪声,如此高分贝的汽笛一经响起,自然是全城能闻了。

"苏纶厂的汽笛———响得远",当时流传在苏州市民中的这句歇后语,说的就是这汽笛声的"威力"。在那时,苏纶汽笛声不仅是苏纶纱厂工人上下班的信号,也成为苏州市民的报时钟。

苏州解放后不久,苏纶纱厂实行工时改革,从原来的 12 小时工作制改为 8 小时工作制,生产运转改为"三班倒"。但汽笛仍在一天中拉响两次,除了中班不拉,分别在早上 5 时和晚上 9 时,为早班与夜班工人拉响。

关于苏纶汽笛,有一个故事需要带一笔。那就是 1958 年"除四害"时,据说因为麻雀吃粮食,为保护庄稼,将它列为"四害"之一,需发动全民消灭之。因麻雀能飞能跳,很难捕捉,最好的办法就是制造噪声,不让麻雀有栖息机会,在疲于奔命的飞行中因体力不支,从空中坠落于地而被活捉。于是,在许多次的全国统一行动中,机关、工厂、学校、街道等单位组织人员站到楼顶、屋面、树上、土墩等高处,将锣鼓、破面盆、洋铅桶一齐敲响,从而制造噪声,与此同时,苏纶厂也频频拉响汽笛,为这场"人雀之战"助威。

苏纶汽笛止于何时,因缺少记载,已经无从考查。

到 20 世纪 60 年代中期,随着市民生活水平的不断提高,市民个人和家中,拥有手表与闹钟、台钟等钟表的渐渐多了起来,抑或汽笛效果没有以前那样理想,大约在 1964 年底至 1965 年初这段时间,苏纶厂不再拉汽笛了。据 1964 年进厂的工人回忆,他们进厂时,还是以汽笛为号上下班的,后来便渐渐听不到汽笛声了。

这样说来,苏纶汽笛声响彻苏城上空,至少有半个世纪之久。

苏纶的汽笛声,是老苏州一份远去的记忆。

第四章 敌伪摧残（1937—1945年）

车间成了日军养马场

1937年卢沟桥事变后,日本侵略军大举入侵中国,中国广大军民奋起反抗,一场波澜壮阔的抗日战争全面爆发。

是年11月,日军的魔爪伸向了苏州。苏州城频频遭到日军飞机的轰炸,炸毁房屋无数,不少人死伤。11日上午,敌机在苏纶厂布机车间附近投下3颗炸弹,毁坏了厂房、机器,苏纶厂不得不停工停产。一周后,苏纶厂被日军侵占,一支军队开进厂里,工厂成了兵营,车间成了养马场。据老工人回忆,当时车间里到处堆积着臭气冲天的马粪便,足有一尺之高。一个好端端的苏纶厂,被糟蹋得不成样子。另外,吴门桥东南面的苏纶宿舍和栈房（苏经丝厂原址）,也被日本陆海军第一炮艇队占用。

1938年4月,日军从苏纶厂撤出,却强行宣布苏纶厂由"日军管理工厂委员会"接管,由他们指定的日商内外棉株式会社经营,改名为"内外棉纱厂苏纶工场",并派兵荷枪实弹,在刺刀的威逼下强迫工人开工。

日军出于军事需要和经济掠夺,迫使苏纶厂尽快开工,目的显然是为了让苏纶成为他们利用的机器,能为日军生产大量的棉纱和布匹,以供军需。

在日寇经营苏纶期间,工人经常遭到打骂,日本人有时还用枪托子朝工人身上击打。工人生命得不到保障,因此厂里时而出现工人自发的反抗和斗争。

日商内外棉株式会社侵占苏纶后,立即派来了60多名管理人员,其中30多名是日本人,他们分别在厂里任大班（工场长）、二班（负责厂务）、三班（负责工务）,厂务分为人事、财务、原棉、物料等。产品销售由日商内外棉株式会社上海分部负责。总之,日本人全方位地主宰着苏纶厂的一切。他们还将原来苏纶生产的"天官牌"驰名商标的棉纱,改为"水月牌"。

日商内外棉株式会社侵占苏纶时,曾公开向严氏提出,以现物出资方式,由日方占51%的股权,严氏保有49%的股权,以日方担任经理为条件进行合作。

严氏未同意。

可见,严氏毕竟是有骨气的。

可见,日军的侵略野心是咄咄逼人的。

日军强行侵占苏纶后,严氏始终在寻找机会设法收回苏纶。1938年8月,严氏仿照永安二厂的办法,约请意大利籍律师安素,委托意商开宜公司出面代管,设立办事处,并派出严氏代表向日军机关交涉。

严裕棠自以为,这一着棋志在必得。哪料到,到了不可一世的日军那里,还没等严氏代表把话说完,就遭到了拒绝。

包藏祸心的内外棉株式会社为了鲸吞苏纶,寻找把柄步步进逼。1938年冬,日军机关在苏纶厂的会计账上查到传票,以支付巨额款项于"抗敌后援会"为借口,宣布苏纶、仁德、大隆等厂的全部财产,连同所有房地产,甚至连位于上海齐齐哈尔路的严氏宗祠,均作为"准敌产"处理,置于日军的"军管理"之下。

蹊跷的纵火案

在日寇强暴侵占苏纶厂期间,先后发生了两场大火,起火原因均十分蹊跷。

在这两场大火中,苏纶遭受了惨重的损失。

1940年1月1日凌晨,厂里的第一纺纱工场突然失火,熊熊的大火持续了几个小时,虽然后来得到了一些扑救,但为时已晚,整个车间已经被烧得面目全非。此车间,即是1895年苏纶纱厂创办时建造的3740平方米的二层厂房,设有25768枚纱锭的所有设备,被这场大火全部烧毁。过火的设备和机器,全部变了形,无法再修理使用,完全成了一堆报废的烂铁。

面对这场突如其来的大火造成的惨状,苏纶职工惊呆了。

当苏纶职工还没有从这场大火的惊恐中回过神来,日本宪兵队立即进厂,对全厂进厂戒严,并一下子逮捕了百余名工人,押送到盘门外日本陆海军司令部进行审讯,有的还施以严刑拷打,结果有5人当场丧命。

之后,日寇对这场大火的起因,一直没有说法。

当时有目击者认为,从火灾现场的种种迹象看,明显系人为的纵火案。

但究竟系何人所为,成了一个扑朔迷离的谜。

严庆祥在《我与苏纶等企业在抗战初期的经历》中,对此次火灾有详细的记载:"事后,严氏厂方曾前往(日方)质问失火原因,内外棉株式会社的支店长胜田(等于中国的分公司经理)答复说,他们曾向日方保险公司保有火险,但又托词经查明系抗日分子纵火。这是属于兵险的范围,故而保险公司不负火险的赔偿责任。"

更令人痛恨的是,苏州的日军"宪兵队"竟以一是抗日分子破坏,二是原主进行报复,三是内部职工进行盗窃后纵火企图灭迹等所谓的理由展开侦查,对一些老职员和工人进行传讯,并极尽威吓逼供之能事。此后这件事就不了了之,没有了下文。

让人生疑的是,这场火灾之后,日军开来了几辆卡车,连烧剩下来的残机和废铁渣也被拉走了。

严庆祥还披露,在沦陷之初,沿沪宁线的较大工厂大多遭到日军破坏,属于严氏家属企业的常州民丰纱厂、通成纱厂两厂也遭到了灭顶之灾,大部分厂房和机器被烧坏,存放原材料、成品和半成品的仓库都被抢劫一空,造成的损失惨重。

第一车间被烧毁后,严氏竭尽全力进行了重建。

可是两年之后,此车间又莫名其妙地发生了一场火灾,整个车间新置的含两万余枚纱锭的全套设备全部付之一炬。与发生第一次火灾的情景相同,被烧过的机器设备和残留下来的铁渣,一起被日军运走。

苏纶纱厂连遭蹊跷火灾,谁是纵火犯,谁是幕后黑手,从种种迹象看,不是昭然若揭了吗?

迷茫中的徘徊

严庆祥投机倒卖纱布蚀本之后,失去了父亲的信任,从 1934 年以后,苏纶厂由严庆祺执管。

可是,之后的事情发生了变化。

当时担任厂务主任的浦亮元在《苏纶纱厂的回顾》中记述:"由于苏州沦陷,严庆祺撤移内地,蛰居上海租界的严庆祥则认为,此时正是自己名正言顺地东山再起的好机会,因而在日军占领苏州以后,便马上赶到光福,企图与日方联系,意将苏纶变作中日合办企业,借此保护严氏企业,从而夺取经营苏纶的权利,但遭到日方的拒绝。"

严庆祥的如意算盘没有打成。

苏纶被日军控制后,严庆祥几次三番通过活动想收回苏纶。他的大儿子严达,是日本留学生,谙熟日语,故与当时日伪当局的一些人尚有私谊。严庆祥指使严达从中周旋,结果还是竹篮打水一场空。

严氏无计可施,苏纶一直被日军的魔掌控制。

到了 1940 年 3 月 18 日,日军在华派遣军总司令西尾寿造发表声明:"我军拟以从来代管之华方财产,尽速移交与中国(汪伪)政府,由中国(汪伪)政府交还于合法之所有者。"

接着,汪伪政府发出通知,准备发还在战时被日军侵占的企业。

但日军提出,发还由日军管理的部分工厂是有条件的。这个条件就是,将原有属于中国资本的企业改组为"中日合办",或者由中国企业拿出钱来,才能赎回。

日军向严氏提出,要把大隆机器厂卖给内外棉股份有限公司,作为发还苏纶、仁德的条件,并一口价只出 30 万日元的买价,发还苏纶时,严氏还必须偿还日商在经营苏纶厂时的扩建费用和存货款 335 万日元。因日方条件太过苛刻,严庆祥即赴日本,与内外棉株式会社总经理商洽,要求放宽条件,最后日方才松口答应以 185 万日元收买大隆机器厂。苏纶、仁德两厂按照条件才发还了产权。

在发还苏纶时,日军又特别提出,苏纶纱厂必须划出 20 台织布机专织日军军用布料。

面对日军如此的强悍,严氏明知那是穷凶极恶的掠夺,出于无奈,只得逆来顺受。

《师竹翁传》中记载了以上事情的详细经过,不无感叹道:"日军的条件之多,竟还厚颜无耻地说是'无条件'归还,占领并破坏了中国工厂而要中国工厂支付'整理'费。明明强迫中国厂主非要接受日军提出的条件,竟然还说'双方同意',对此只能愤恨在心间,为了要归还厂产,只得忍气吞声地签字画押。"

可见,日本强盗的侵略气焰多么的嚣张。

日本强盗的横行,是中国人民被侵略的悲哀。

苏纶收回之后

苏纶收回之后,严庆祥曾假大丸洋行(今苏州人民商场)二楼宴请苏州的敌伪首脑与社会名流,称颂"中日亲善",并于1942年捐献飞机一架,定名为"苏纶号"。抗战胜利后,严庆祥被控汉奸罪。

严氏收回苏纶时,工厂已经破烂不堪。为了恢复生产,不得不投入巨款进行修复。开工生产后,产品销售一时找不到出路,纱布积压,资金周转发生困难。为此,专门设立了"利记纱布号",多处分设接洽处,组织力量到外地了解市场行情和推销纱布产品。由于"苏纶产'神鹰'布匹市上闻名,'天官'纱简称'苏天官',而京沪地区客户极喜得'天官赐福'的口彩,所以销售日益趋好"。因此,严氏接管苏纶后,在生产经营上出现了新的转机。

1942年10月,汪伪政府成立清乡区"棉纱布统制会",统制清乡区棉纺织的经营及生产配给。从此,苏纶的生产受制于日寇和汪伪的控制。

"棉纱布统制会"规定,各厂不得自行收购棉花。因配给的棉花远远不能满足生产,苏纶暗中自行采购了大量原棉,结果被日本宪兵队查获,以违反统制规定的罪名,罚款7万日元(此款后被李士群擅自以严氏名义捐机以讨好日寇)。此后,苏纶被严加监视,生产受到影响。次年,不得不减少开工数,全年停工达两个月之久。后经同业公会委派,为中华日本贸易联合会生产棉纱300件,当时各厂一律承制,苏纶也在其中。1944年,又受公会委派,代为中华日本贸易联合会制造棉布14880匹,生产至8月间,因企业燃煤来源缺乏,用电屡遭节制,停工达3个月之久,拖了一年多才生产完此项代制棉布任务。

此后,日军只付了极少的费用,根本不足以抵偿开支,造成苏纶巨大亏损。

敌伪勾结,沆瀣一气,使苏纶受到了不断的摧残。

关于"捐机"一事,《师竹翁传》中有着明确的记载:

是年(1945年),裕棠先生被指控有罪,先生(严庆祥)一面将其藏匿并委托德和洋行保护,一面与有关方面交涉,先生(严庆祥)反而被扣押为人质。十月,先生(严庆祥)被以"汉奸"罪名拘留,判刑两年,关押一年,缓刑三年,遂后到香港。直到一九四九年二月,高等法院宣告:"撤销原判,发还财产。"误判得到了改正,在复查中,颜惠卿、袁良、何思毅都出具书面证明:"先生(严庆祥)为抗日做过许多有益的工作,捐机之事乃是纯属由李士群(伪江苏省省长)擅自所为。"

1987年,严庆祥到苏纶厂参加建厂90周年纪念活动。1988年7月,严庆祥在上海逝世,终年90岁。他逝世后,国内外多家报刊发表消息,刊登悼念文章,称严庆祥是"中国民族工业卓著的实业家"。遵照他的生前意愿,他的骨灰一半葬于苏州东山公墓,一半撒到台湾海峡,以寄托他盼望祖国早日统一的愿望。

第五章 新中国成立前夕（1946—1949年）

强行接管后的抗争

1945年8月，抗日战争结束。蒋介石派出大批接收人员分赴各地夺取胜利果实。

因严庆祥被控汉奸罪，苏纶纱厂例属汉奸产业，由国民政府经济部派员接管。

但严氏不服，千方百计通过活动，争取发回苏纶。

是年，严庆祺按照其父严裕棠的旨意，以"抗战人士"的身份四处求援，通过与政法系统头面人物的说项，严庆祥的自由得以恢复，同时严氏在社会上"布置舆论，修好名誉"，从而使发还苏纶产权的事有了转机。

经过严氏一系列的铺垫，至1946年（民国三十五年）4月苏浙皖区特派员办公处发出通知："准予发还未附逆股东严庆祺等执管。"

严氏当然喜出望外。苏纶厂又重新回到了严氏手中。

苏纶厂发回后，严庆祺立即召集会议，商讨苏纶复工事宜。除亲自担当经理兼厂长外，还聘任了一套精干的厂务班子。严氏踌躇满志，一番厉兵秣马，大有重振山河的气势。

尽管严氏壮志凌云，但面临着种种困难却是事实。由于前几年生产极不正常，加上严庆祥早已将苏纶流动资金化整为零，或移作他用，或由其私人保藏，所以当时苏纶是既无原料，又无资金，仅有库存42支棉纱120件可供周转，杯水车薪，无济于事。又因电厂暂供夜电，只得购买黑市煤供自办电厂发电，所以接办之初，苏纶处在重重的困难之中。

是"以纱换花"的运作，给了严氏希望与生机。

严庆祺通过与棉商谈妥，以纱换花，获取原棉，并利用商业信誉抛售棉纱栈单,收取货款,充作周转资金。如此这般,苏纶总算先开出4000纱锭。其时正当美棉大量倾销,中国市场出现了纱贵花贱的态势,每件棉纱可换10至12担原棉,而实际纺一件棉纱仅耗原棉4担,加工后加上成本也只有6担而已,所以纺一件纱可净得一倍利润。在这样的情况下,严氏抓住机遇,将纺部25000余枚纱锭全部开足,日夜兼工,布机也开出500台。

据1946年的报表记载:当时苏纶男工344人,女工1941人,每日出纱35件,布1100匹。生产的"天官牌"棉纱和"神鹰牌"粗细布畅销市场。(见图9)

由于日本战败,已无竞争能力,中国纺织业乘势而上,进入到了一个复兴时代。

苏纶也不例外,不仅生产节节攀升,而且获利甚丰。

图9　苏纶纺织厂注册的"神鹰牌"棉布商标

在此期间,严庆祺在苏州还与人合伙办了有1.5万枚纱锭的苏州纱厂,还在苏州开设了鸿盛、鸿源两家钱庄。经过严庆祺三年的苦心经营,严氏的苏纶产业基本上恢复到了抗战前的鼎盛水平。(见图10)

在产品畅销、市场看好的情况下,严氏没有故步自封,而是再接再厉,竭尽全力要把苏纶做大做强,提升苏纶的生产水平。

严庆祺通过三次增资,陆续添置机器设备,扩大生产能力。除重建被焚的第一纺纱工场外,还建造厂房,增加纱锭,同时还雄心勃勃添辟染部,聘请技师,准备开办印染工序,使苏纶成为纺、织、染的全能企业。(只是印染设备安装后一直未开车,直到1965年,此全套设备调拨给常州东方红印染厂使用。)

图10　严庆祺肖像(1946年)

纵览这一阶段苏纶事务,严庆祺把接收到手时几乎是一副烂摊子的苏纶纱厂,通过运用各种手段苦心经营,使之重现了过去的辉煌,从而使自己成为严氏门第中善于经营管理的又一个佼佼者。

一份厂庆菜单的折射

这份别致的苏纶厂庆菜单的获得,纯属偶然。

笔者的朋友嵇先生因为写另一本书,需要了解一些有关苏纶纱厂的旧事,他之前已经出版《走读苏州》一书。约谈中,他提起在查阅民国时期苏州报刊时,在1946年11月20日的《力行日报》上,看到了"苏纶厂庆午餐宴宾"的这份菜单,觉得特有意思,便抄录在一张小纸片上。笔者当时也是不屑一顾,认为这份菜单并不能说明些什么。后来在撰写苏纶厂在日伪时期的这段历史时,觉得这份菜单确是一个甚是有用的史料,所以便向他要了过来。

这份菜单所列的菜名如下:胜利鲜果、合作拼盘、团结虾仁、和平蟹粉、进取山鸡、康乐鱼排、建设全鸭、乐观橘莲、复兴船点、自由全腿、平等排鸡、神鹰桂鱼、天官赐福。不难看出,这些原本耳熟能详的传统菜名,它的前置词全被替换成胜利、和平、进取、建设等充满祝愿和期望的词汇。(其中的"天官""神鹰",分别为苏纶生产的纱、布驰名品牌。)这个明显挟带了人为情绪因素的菜单,显然是为了一个目的:借题发挥。

那么,它要借题发挥什么呢?

据《苏纶纺织厂厂史》记载:抗日战争胜利后,国民党政府将严庆祥拘留审查,并以附敌逃避的理由强行接收苏纶厂。严氏当然不会甘心,一个好端端的苏纶厂说接收就接收了。严氏通过联络一些社会知名人士,多次去国民政府内部积极活动,争取发回苏纶,从而使苏纶产权发还有了转机。1946年4月20日,苏浙皖区特派办公处通知,准予苏纶纱厂发回股东严庆祺等执管。

苏纶厂经历了一段艰难困苦的风雨之后,终于又回到了严氏手中,严氏与所有股东当然喜从中来额手称庆了。

苏纶厂要回来之后,严氏召开了一次股东会议,作出了两项决定:一是投入一笔资金,对厂里的房屋和设备进行全面整修,并添置一批机器设备,以扩大再生产,大有一番踌躇满志、重振山河的气概。二是将"双十一"(11月11日)定为苏纶厂的"复兴纪念日"。

就在这一天，严氏在苏纶小学大礼堂隆重召开"复厂纪念大会"。有资料记载，这天的纪念大会，"观者千余人，盛况逾恒"。接着，在11月19日，厂里又举行了"午餐宴会"，以答谢社会各界人士对苏纶的支持和相助。因此，就有了这份别致的厂庆菜单。

《力行日报》是1945年10月创刊的4开4版日报，社址设在北寺塔承天寺前。该报由国民党忠义救国军整编的交通警察部队苏常行动总队长顾伟，以部队所剩米麦作为资金与人合办。后因经济亏损太大，办了一年余，于1946年12月停刊。是日，顾伟应邀出席了这次"午餐宴会"，这份菜单刊在次日的《力行日报》上，可能与他有关。

似水流年，档案见证。就是这份菜单，牵出了苏纶的一段往事，让人引发许多感慨。

竞选立法委员

在恢复和整饬经营管理与机器设备的同时，严庆祺正视当时政治环境，意识到如要发展自己的企业，不结交国民党官僚和当地士绅，就不能巩固和发展苏纶。1948年，国民党在伪装民主的幌子下召开国民大会，严庆祺为了企业，只得挟资竞选立法委员，以期在政治上争得一席地位以求保护。他使出浑身解数，出手阔绰，以黄金、美钞打点地方官员，疏通报刊广造舆论，还出动张挂其照片的汽车四处游走拉票，搞得满城风雨。

如今上了年纪的老苏州，也许还能记得，当时严庆祺为了竞选立法委员，还组织人员组成"拉拉队"走上街头拉票，凡是投上严氏一票的，当场就能拿到一碗双饺面的面筹。不少市民走在街头，就有西装革履的"拉拉队"人员迎面走来，手里拿了面筹说："只要投严先生一票，这双饺面就送你了。"老百姓见有实惠，觉得反正选谁也是选，所以严庆祺拉到了不少的选票。

在竞选期间，严庆祺为了争取官府和民众的信任，还兴办一些公益事业扩大影响，如出资翻建阊、胥、盘环城公路，修建苹花桥，创办苏州公立医院（现苏州解放军100医院），资助"尊师运动"，救济苏北难民，同时捐款赞助南开、沪江、暨南诸大学的复校经费，等等。

最终严庆祺以绝对优势压倒了竞选对手宋铭勋，如愿以偿当上了立法委员。

严庆祺通过竞选立法委员,以及兴办公益事业,大大扩大了苏纶的社会影响,提升了苏纶的知名度。

严庆祺当上立法委员后,在对外交往和办事上左右逢源,使苏纶的发展有了坚实的靠山,少了不少后顾之忧。

在治厂方面,不能不说严庆祺有他独特的理念与措施。

苏纶厂除制定了与其他同类工厂相似的苛刻厂规外,还注重潜移默化的管教。苏纶职工大都是幼年进厂,进厂后要以练习生的名义接受长期的培训,不准阅读进步报刊和接受进步思想,因而共产党组织和进步思想难以进入苏纶。

所以,在新中国成立前严氏执掌苏纶期间,工人对资本家的斗争也难以进行,即使偶尔出现工人的罢工,也是自发的。事后,首要人物往往被开除出厂。到1947年,厂内成立了"黄色工会"后,工人的行为举止更加受到压制。另外,车间里的"拿摩温"日夜监视着工人的一举一动,工人只有做工的份,没有其他的行动自由。

严庆祺在厂内,通过增加福利笼络职工,使职工成为他攫取更大利润的赚钱工具,这也是他的治厂一法。当时,苏纶职工的工资不但比同类企业高,而且一两年内即进行一次高低不等的升级,促使职工之间相互竞争。

此外,严庆祺还扩建了职工子弟学校和医疗所,针对女工多的情况,开办托儿所等,通过增加这些集体福利,让职工更加感恩资本家,从而更加为资本家卖力。由于新中国成立前夕物价飞涨,苏纶首先施行实物配给,职工每月可得平价米五斗(女工减半),一年还配给两次棉布。

部分产业转移香港

1948年底,中国人民解放军取得辽沈、平津、淮海三大战役的胜利之后,挥师横渡长江,全中国解放在即。

京沪一带的有些工厂,因不明共产党的政策,开始筹划南迁。当时严庆祺作了两手安排,一方面为了安定人心,通过厂部发出告全体职工书,目的是希望大家同舟共济,合作互助,安定生产;另一方面却在暗中悄悄商议转移事宜。

严庆祺移往香港后，仍以总经理的名义掌控苏纶，同时把原定购的准备安装在第一纺纱工场的1.5万枚纱锭及3600枚线锭，苏纶正在使用的布机320台，连同不少其他设备，还有6万余匹"神鹰"细布、40件"天官"棉纱，一并带往香港。

严庆祺离开苏纶时，还带走了一部分管理人员，以及一笔相当可观的流动资金。

之后，严庆祺很快在香港开设了怡生纱厂。

在上海，光裕公司的大隆、泰利等厂的部分机器由严庆龄运往台湾，开设了裕隆铁工厂与台元纺织厂。

这一切，都是严裕棠作出的部署。

新中国成立前夕，严裕棠带着复杂的心情迁居香港，之后侨居巴西。1958年9月在台湾定居，10月18日在台北病逝。

苏纶纱厂被移走了大量的机器设备和资金，元气大伤。留下来的留守班子，在资金匮乏、周转困难、原棉难以采购的情况下，艰难地维持着生产，苦苦支撑到新中国成立。

严氏的公益善举

严氏在执掌苏纶期间，在扩大再生产的同时，也做了不少改善职工福利的事和创办社会公益事业。至今有些设施还在，有的还能找到它们的踪迹。

不说严氏在上海和其他地方的公益善举，单说在苏州的情况。

20世纪30年代，严裕棠为了改善职工的生活福利，在苏纶南面买了一块土地，建造了13幢职工宿舍（共110间）。再将盘门处苏纶原有的20余幢双层老工房加以整修，更名"光裕里"，仍给工人住用，还留出其中数间，开办光裕小学三校（在上海已设一校和二校），免费招收工人子弟入学。除此以外，厂内还设立简陋的医疗室，特约医师为职工的伤病作简单诊疗。

如今来到盘门路，至苏纶场附近，可见两座并行相依的桥梁，一座叫"裕棠桥"，另一座也叫"裕棠桥"。两座桥一新一旧，但身世不同，旧桥始建于清光绪年间，原名"甘棠桥"。经过漫长时日的风雨侵蚀，原木构梁板的平桥已经破损不堪,有倾塌的危险,严重影响到人身安全。严氏为此出资重修了一座钢筋混凝土板梁桥,在当时颇显气派。

此桥建造后,当时的苏纶厂总经理严庆祥将"甘棠桥"改名"裕棠桥"(从其父名"裕棠")。2003年,盘门地区进行道路拓宽改造,原来的盘门路重修之后,"裕棠桥"就偏到一边去了。于是,有关部门决定在它的旁边再建一座新桥,亦名"裕棠桥",就这样有了两座"裕棠桥"。在苏州现代化建设中,在保护历史文物的理念下,旧"裕棠桥"作为历史遗存被保存了下来。(见图11)

图11 被保存下来的老裕棠桥

在20世纪三四十年代,鉴于当时苏州医院甚少的情况,严氏出资建立(后又扩充)吴县公立医院,设病床200余张。成立防痨协会,以预防、检查、治疗肺结核病,方便地方民众。

在苏州上百个园林建筑中,坐落在韩家巷的"鹤园",原是严氏的私产。严庆祥认为,此园林乃国家历史文物,唯有国家保管,才能永久保存。严庆祥考虑再三,于1981年将"鹤园"捐献给了苏州园林部门。

在1947年,严庆祥还在大公园东首建造"裕斋"一所,供市民憩息叙谈。"裕斋"原为砖木结构,面阔五间,歇山顶,面积178平方米。民国时曾辟为"前进图书馆"。2004年10月,苏州园林局拨款在原址落地重建,虽为钢筋混凝土结构,但仍保持了原来的式样风貌。现门楣上的匾额"裕斋"两字由苏州著名书法家瓦翁书写。

1948年,当时的苏纶总经理严庆祺竞选国民党立法委员,为笼络民心能拉到更多的选票,兴办了一些公益事业。

严庆祥为人节俭,行事低调。据悉,他每年春节时发出去的贺卡,都是自己亲手制作,不舍得多花一分钱,但对一些社会捐赠却是慷慨解囊。新中国成立后,他为一些社会基金会、文化教育机构等捐款无数,还将不少个人收藏的古今名贵书画,不吝捐给博物馆。如他自己所言:"一个好的商人,应具备中华民族的传统美德,不但要照顾好自己的家人,更应承担起社会赋予的责任,挣了钱就应拿出些钱乐善好施,为社会做些公益事业,这才是一个家族企业存在的真正意义所在。"

数十次的罢工斗争

因为资本家经常通过提高定额、延长工时、增加劳动强度、减低工人工资等方式获取更多的剩余价值,而工人们为了保障自身的经济利益,不堪忍受资本家的压迫和剥削,因而苏纶厂从建厂后至新中国成立前的几十年时间里,曾发生过数十次的罢工斗争。

最早的一次罢工发生在摇纱车间。1925年10月16日,厂部对摇纱车间提高了定额,原本规定摇35车可得1元工资,每个女工日工资可得4角半。新定额出台后,明显使工资又降低了不少,从而引起女工的不满,近百名摇纱女工相继罢工。时隔4个月,即次年的2月21日,清花车间男工进行罢工,也是因为厂方提高劳动强度所致。原本清花车间是一人管一台机,后改为三人管四台机。

这时,有两名工人因不满而要求辞职。厂方恐两人辞离后引起事端,遂将两人关起来不许外出,这下激起了车间20多名工人群起反对,当日举行了罢工。纺纱车间女工闻讯后,在表示声援的同时,也提出了"更改不合理章程,女工不应论工计算,应改为计件工资"的要求,否则亦将罢工。眼见事情越闹越大,厂方叫来了"阊九管区"巡官李振锋进行调解。这次历时1小时之久的罢工,最后以开除两名男工及数名女工而宣告结束。

苏纶厂历时最长的一次罢工,发生在1926年3月1日晚,粗纱车间上百名女工集体罢工,原因是厂方要减低工人工资。厂方经理害怕事态扩大,急忙打电话通知"阊九管区"派警协助处理,巡官李振锋出动全班人马，武装到场弹压。据当时《苏州明报》《新闻报》在1926年3月3日的报道中称，此次罢工相持两日，罢工女工于3日才恢复上工。

规模较大的一次罢工，发生在日伪统治时期。1943年初秋，工人要求增加工资遭到资本家的拒绝，大批的工人停工涌到办公室进行交涉。资本家怕事态闹大，一面与工人谈判拖延时间，一面打电话给日本宪兵队，要求派兵镇压。

很快，几十名日本宪兵乘着卡车来到厂里，气势汹汹地把工人包围起来进行恫吓，强迫工人复工。同时有便衣宪兵在人群里钻来钻去，在积极斗争的工人背上画上粉笔圈，以作记号。由于劳资双方相持太久，资本家指定童大妹、王小毛等五人为代表，到宪兵队谈判，结果五名代表被资本家收买，这次罢工因此而不了了之。

在1948年，厂里先后发生了两次罢工，直接原因都是当时物价飞涨，工人工资低，难以维持生计，要求增加工资。这年夏天，布机车间的几名工人因饥饿并受不了闷湿的环境而昏倒在地，以此为缘由，几名工人到厂长室与资本家交涉，要求增加工资和改善生产条件，遭到资本家的一口回绝。

一天深夜，布机车间的机器全部停了下来。资本家闻讯后，一方面让城防司令部派军队镇压，一方面带了职员赶到车间，大声咆哮："你们反了，想罢工！"不久，荷枪实弹的军人赶到厂里，包围了工厂周围，实行戒严，禁止工人来往，用武力强令工人开工。停工的第二天，厂里宣布将两名领头罢工的女工开除。

从发生的一次次罢工看，显然均是属于自发性质的。主要都是因资本家任意提高生产定额、增强劳动强度、变相降低工人工资，致使工人们不满而引发的。

一次次的罢工斗争，虽然给资本家带来了短暂的麻烦和压力，但由于资本家拥有一定的社会地位与政治背景，并与地方上的军、警有勾结，又因社会上存在着大量的廉价劳动力，凡此种种，资本家根本不可能向工人作出让步。

因此在苏纶厂，数十次的罢工均很快被镇压和平息，工人们的合理要求仍然难以得到伸张。

第六章　新中国成立以后(1950—1965年)

政府扶持走出困境

1949年4月27日苏州解放。

由于当时上海等地还在国民党的封锁下,苏纶面临着外棉断绝来源、燃煤采办困难、自办发电厂难以正常供电的危机,再加上严庆祺在临近苏州解放前抽逃了大量资金,企业岌岌可危。

因上海解放战争和国民党对上海的轰炸,沪上不少纱厂纷纷关闭。苏纶资方企图趁此机会囤积库存,停止纱布出售,待行情看涨后再行抛售。结果,事与愿违。

人民政府实行统一全国财政收支、稳定金融物价的政策,保有充分的物资供应,使苏纶资方的如意算盘再一次落空。

接着,苏纶资方又人为地造成库存积压和部分存纱霉烂的损失。

面对如此困境,苏纶企业亏损严重,人心浮动,处于倒闭的边缘。

然而,苏纶毕竟是苏州城里举足轻重的大企业,党和政府非常重视。军管会主任惠浴宇多次到厂了解情况,并及时派出了以张洪和顾静为正、副组长的工作组驻厂帮助工作。张洪随军南下后,由毛之衡任军管会工作队队长,领导厂里工作,宣讲党和政府对私营工商业"发展生产,繁荣经济,公私兼顾,劳资两利"的政策。

当时资方人员对党的政策不是太信任,颇有抵触情绪,在种种方面采取不合作的态度。经过一段时间的思想政治工作,资方人员的立场与思想观念有了很大的转变。

1949年10月,苏纶团支部成立。同年12月,苏纶工会成立。1950年7月,苏纶党支部成立,后来成立党委会,第一任书记是李声振。党工团的建立,对于更好地贯彻执行党的方针政策、团结职工、进一步激发职工的主人翁责任感和工作热情,从而促进生产发展起到了至关重要的作用。

因职工的宣传教育广泛展开,"大烟囱不冒烟,小烟囱也冒不出烟"的质朴道理深入人心,大大激发了全厂职工的劳动热情。

为了解决厂里当时燃煤和原棉不足的困难,军管会多次出面,与外地多处联络,出具证明,调拨交通工具,使苏纶顺利地从淮南、南京等地买回燃煤,从郑州、西安、徐州、汉口等地买回棉花,以维持生产。

但原棉缺口仍然很大。在征得苏州市政府同意后,军管处向身居香港的严庆祺提出支援原棉的要求,并派人赴香港商议,终于获得了美棉9000担的补给,源源运回国内投入苏纶生产。

1950年,我国部分产棉区遭受水灾,棉花产量骤降,致使苏纶厂于1951年6月6日起停工45天。为了维持职工生活,在停工期间,由政府发给全厂职工75%的工资。对比以前停工不发工资,广大职工非常感动地说:"只有人民政府才真正关心人民生活!"

从1950年5月起至1952年5月,中国人民银行苏州分行接连三次贷款近50亿元(旧币)给苏纶,同时苏纶还得到中国人民银行西安分行的押汇贷款,基本上解决了产地购棉资金周转的问题,助推了苏纶厂生产,使苏纶厂在苏州解放后不到一年内就迅速扭亏为盈。

新中国成立后的苏纶职工,不仅以极大的热情投入到生产劳动中去,而且积极响应党和政府的号召,投身到各种社会活动中去,表现出一种崇高的家国情怀。如,1950年的认购公债中,苏纶厂认购9万元(旧币),平均每人30元(旧币)。同年,抗美援朝时,苏纶厂响应"增产节约、踊跃捐款"的号召,企业将增收节支所得的半数以及职工捐款共45亿元(旧币),捐献了三架飞机,弘扬了爱国主义与国际主义精神。

1952年10月,国家实行"统购统销"政策,苏纶厂全部实行加工订货,原棉由"花纱布公司采购站"统一调拨,产品也按期交该站销售,生产纳入国家计划轨道,产、供、销全不用厂里担心。

"统购统销"的政策,使苏纶厂在生产经营上经历了历史上发展最平稳的时期。

废除"抄身制"与"拿摩温"

也许,许多人曾读过我国著名作家夏衍在1936年写的报告文学《包身工》,对作品中以上海东洋纱厂为背景,深刻揭露的包身工悲惨生活和"拿摩温"欺压工人的种种丑恶行径有所了解。

而当时的苏纶纱厂,也有"拿摩温"的身影。

"拿摩温"是英文"number one"的谐音,是"工头"的别称,原先只用于外资纱厂,后来华资纱厂也沿用此名称。

起初,苏纶厂在车间实行"工段长"建制。至1927年,苏纶厂转入民族资本家严裕棠手中后,在逐步引入外资纱厂管理模式的过程中,在每个车间和工段设有"拿摩温"。

据老工人回忆,"拿摩温"就是资本家豢养的专门监督工人干活的鹰犬。他们不参加劳动,成天在车间里转悠。只要看到工人干活"偷懒",或者完不成生产"定额"的,"拿摩温"就会打骂工人,扣罚工钱,甚至动不动就让工人"歇生活"走人。所以车间女工见到"拿摩温",就像老鼠见到猫一样,没有一个不提心吊胆的。

因为资本家给予"拿摩温"开除、处罚工人之权,所以工人为了能保住自己活命的饭碗,对"拿摩温"的所作所为不得不忍气吞声,平时还得巴结他们。逢年过节,或者"拿摩温"家有婚丧喜庆时,工人还得送礼孝敬。更有的"拿摩温",趁工人有困难之机,借发放高利贷进行盘剥,甚至仗势凌辱女工。

旧时苏纶厂,工人除了饱受"拿摩温"的欺凌和压迫外,还要忍受"抄身制"的凌辱。

资本家为了防止工人偷拿厂里的棉、纱和其他物料,在厂门口筑了几道铁栏杆,工人下班时必须逐个被抄身后才能出厂。

工人每天工作时间长达12小时,不仅劳动强度大,而且车间环境又闷又湿,下班后的工人已是累得疲惫不堪,却仍要排着长队等候抄身。热天被晒,雨天被淋,大冷天还要解开衣服,让门警和"抄身婆"前后上下摸个透,甚至连工人的饭盒、拎包也不放过。

有一次,一个女工在上班时不当心裤带断了,拿了一根纱头系在裤子

50

上,不料出厂时被"抄身婆"抄着,硬说是偷纱,不但罚了工钱,还把纱头拿走,这个女工只好提着裤子尴尬地回家。

厂里不少男工因对抄身不满,想出种种办法予以反抗,如在工作服上涂上机油,或在衣裤上暗藏细铁针,让抄身门警在吃了"沾上油污和划破手掌"的苦头之后,不得不对男工的抄身有所收敛。

苏州解放后,苏纶厂的"拿摩温"和"抄身制"还持续了一段时间。

1951年元旦,苏纶纱厂正式宣布废除"抄身制"。这一天,工人用铁锤猛烈地砸掉了厂门口排队抄身的铁栏杆。顷刻间,全厂一片欢呼,工人们情不自禁地手拉着手,扬眉吐气地走出了厂门。从此,苏纶厂工人再也不受抄身的侮辱了。

接着,1952年9月,在苏州市人民政府的领导下,苏纶厂开展民主改革,终于废除了"拿摩温"的旧管理制度。资方还交还了工人们进厂时所交的变相的卖身契——保证书。

经过民主改革,废除了旧的管理制度,建立了由工人担任生产组长的新管理制度,首批16名工人还当上了行政管理员和车间主任。

同年9月29日,又是一个具有划时代意义的日子。从这一天起,苏纶纱厂从原来的12小时工作制,正式改为8小时工作制,工作时间缩短了三分之一。

在苏纶纱厂,至少存在了半个多世纪的"拿摩温"和"抄身制",在新中国成立初期,终于退出了历史舞台。

公私合营

新中国成立前夕,苏纶纱厂总经理严庆祺移居香港指挥,任命留在苏州的弟弟严庆禧为副总经理、严庆禄为总经理襄理,任命浦亮元为厂长,与其他几位资方代理人一起管理苏纶厂的事务。

1953年9月,党中央向全国公布了过渡时期的总路线。苏纶厂的职工经过一段时间的宣传学习,同时看到本市新闻媒体报道的苏州电厂、自来水公司公私合营后的新面貌,纷纷提出公私合营的要求。资方人员在大势所趋的影响下,写了申请公私合营的报告,呈请政府批准。

1954年9月3日,苏州市人民政府批准苏纶纱厂与苏州纱厂(原无锡利达纱厂,1947年迁入苏州,当时有纱锭7276枚)合并成"公私合营苏纶纺织厂"。苏州纱厂作为第二工场,于9月5日派出陈晖、刘金芝、张廷忠、徐国华四同志到苏纶厂帮助筹备公私合营事宜。

公私合营的筹备工作紧锣密鼓地进行着,一切工作都进行得颇为顺利。

公私双方经过充分协商后,达成了协议。新成立的董事会,由陈晖任董事长,严庆禧任副董事长,第一任厂长由公方代表陈晖担任,私方代表浦亮元、刘文渊、徐鹤亭三人任副厂长。(严庆禧在公私合营后,于1956年到上海外国语学院德语系教书,其曾于1928年赴德国留学,在耶拿大学获经济学博士学位。)

1954年9月26日,苏纶纱厂和苏州纱厂职工3700余人及来宾100多人,隆重举行了庆祝公私合营大会。(见图12)

至此,苏纶厂的企业性质发生了根本变革。

1955年11月,经苏州市政府批准,苏州源康纱厂7400余纱锭的全套设备和344名职工并入苏纶。

图12 在庆祝公私合营大会上举行的签字仪式,前排左一为公方代表陈晖,左三为私方代表严庆禧,后排左二为副市长惠廉

三厂合并后,苏纶共拥有纱锭57836枚、线锭3600枚、布机970台,核计股额共计893万元。

按照党的赎买政策,1955年前实行"四马分肥"办法,即分给资本家的利润占全部利润的四分之一左右,其余的四分之三分别是工人的福利费、向国家交纳的所得税和为扩大再生产留下的公积金。1956年起按照国家规定,按企业核定的私股资金,每年给予5厘定息,付息期限原定7年,后来又延长3年,到1966年9月停止。除定息外,保留资本家及其代理人的原有高薪。

公私合营后,全厂发生了许多变化,如,建立和充实了生产管理机构,改变了过去只管生产、忽视技术和质量的现象;生产、技术和职工生活都有了专门部门管理;建立了生产计划和财务等管理制度;加强了劳动计划和物资供应计划的制订以及成本核算;制定了产品检验和产品设计制度;建立了现金管理制度、账务预决算制度;等等,从而使企业步入了规范化管理的轨道。尤其是提拔了一批工人干部,他们走上领导岗位之后,参与到全厂的生产、经营、管理中去,增添了企业的活力。

公私合营后,苏纶厂的生产经营得到了迅速的发展。1956年的棉纱产量比合营前增长56.3%,达到41834件;棉线增长47.29%,达到2638件;棉布增长9.5%,达到2500万米;利润总额比1952年增长了一倍多,达到340.77万元。

职工福利的改善

公私合营后,随着生产的发展,苏纶厂的劳动条件和职工福利得到了明显的改善。纺纱织布4个车间先后增建了送风室,装置了5套大型空调设备,车间里全部安装日光灯,使车间的通风与采光有了很大的改善,一改过去车间空气混浊、闷湿和光线暗淡的旧象。另外,车间里还加装并改进了电气设备,安装了各种安全装置和室内动力线路,以确保安全。

应该说,苏纶厂的职工集体福利一向很好,是当时全市企业中的翘楚。

在职工医疗保健方面,苏纶厂也是值得称道的。1956年,厂内的医疗所改为保健所,后又改为职工医院。当时有医师7人,医士1人,外科中医2人,助产士5人,护士10人,其他人员17人,设有病床50张,还开办了一所慢性病疗养所,内设床位27张。1956年还取消了贵重药品费用个人支付的规定,并且开办职工保健食堂,对伙食进行补贴。此后,职工医院还增设牙医,添置X光机设备,为职工的身体健康悉心服务。(见图13)

苏纶厂的职工队伍,五分之四是女工。因此,为女工服务,改善女工的集体福利,也成了厂里一直关注的"重头戏"。

从1956年起,苏纶厂实行女工怀孕7个月以上每天可休息1小时的制度,并专设孕妇休息室,加强产前产后检查,保障妇女儿童的身体健康,还开设了女工卫生室、婴儿哺乳室及尿布烘干房等。(见图14)

图 13　苏纶纺织厂职工医院

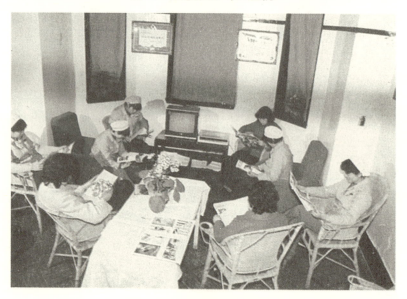

图 14　苏纶厂孕妇休息室内景

　　1956年全厂有幼儿全托所、婴儿全托所和半托所各一个,还有一个托儿站和一个特约托儿站。托儿所有床位411只,入托数为482人,两个托儿站入托160多人。工作人员有92人,托儿所建筑面积近2000平方米。这还仅仅只是1956年时的状况,后来托儿所等设施又得到了很大的改善和增加。

有一件事值得一记。当时(1956年)厂里还改装了一辆母子接送车,又称"妈妈车",专门接送路途较远的怀孕与产后的女工上下班。

当时苏州市内公共汽车还只有二三条线路,苏纶厂开出的"妈妈车",从厂里出发,向西行,走盘胥路至石路,经阊门,过西中市皋桥,到接驾桥,沿人民路过观前察院场、三元坊后回厂,沿途设有七八个候车点。虽然"妈妈车"只接送上夜班的"妈妈",但"妈妈车"行驶在路上,无疑成了苏州城里一道"抢眼"的风景线。

在开展职工文化活动方面,苏纶厂在全市亦享有盛名。1953年开办了工人俱乐部,面积462平方米,辟有图书馆、阅览室、乒乓室、音乐室、弈棋室、舞池和广播站。图书馆有书籍上万册,报纸杂志近百种。这些,大大地丰富了职工的业余文化生活。

苏纶厂还一直坚持不懈地加强职工教育。

新中国成立后,苏纶厂针对工人中90%为文盲的现状,为提高他们的文化水平,1950年开始建立职工业余学校。工时改革后,职工的文化学习有了保障和时间,1953年开办了4个初中班,有100多名学员,1956年发展到46个班,参加学习的职工有2000多名,教师47人,有140多名行政干部参加了工厂干部业余文化学习,极大地提高了企业干部和职工的文化素质。

1956年苏纶小学有教工52人,在籍生1325人,共设23个班,另有幼儿园6个班。从1953年到1956年,共有554人小学毕业。学生不仅免费入学,家庭困难的学生还可免去书籍费。1954年暑期,按上级指示,苏纶小学并入百乐中学和虎丘中学。

1954年7月,苏纶厂实行工资改革,建立"八级工资制"和"计件工资制"。之后,又提高了一次工资。相比市内同类企业,苏纶厂职工的工资普遍要高出半级。多出的几元钱,在当时是令人羡慕的。

苏纶厂职工的收入普遍增加,更多职工有了银行储蓄,也有不少职工造房子、买房子的。至1956年,新建和扩建男职工单人宿舍2300余平方米(1956年前建有3幢两层楼女宿舍),大大改善了职工的居住条件。

苏纶厂优越的福利,成为当时吸引许多人择厂的理由。许多年轻人以能进入苏纶厂工作为自豪。

"跃进"风潮

公私合营后,为了加强企业管理,发扬民主,调动职工群众积极性,促进生产发展,厂里建立了企业管理委员会。在加强技术工作的同时,在职工中广泛开展了值车"万米无疵布"、验布"百日无漏验"、细纱"千落无坏纱"等劳动竞赛活动,从而使产品质量有了进一步的提高。

1957年之后,苏纶厂先后开展了以提高质量为中心内容的增产节约和技术革新活动,通过广泛发动干部群众算细账,摆问题、排差距,从上到下,掀起了热潮,并取得了明显的成效。大多纱布质量达到优级,"7981"细布和"2321"平布的"下机合格率"达到100%的好成绩。其中有近50%的高档细布达到了最优良的零分布标准,获得了苏州市工业局生产展览会的好评。

在"大跃进"年代,苏纶不可能是世外桃源。

由于受急躁冒进思想的影响,当时我国在经济上盲目追求高速度,提出了一些违反经济规律和脱离实际的口号,以至国民经济受到严重的冲击。

当时,苏纶厂领导也提出了要大放"高速、高产、高质"等"六大卫星",在干部和工人中开展"大比、大赛、打擂台"活动,使得生产指标不断加码升级,职工夜以继日地干,全厂"大跃进"的气氛热烈,喜报频传。厂党委每天都能收到几十份喜报,全厂戴红花的职工超过了500人,命名为"卫星、火箭战士"的达1330人。

为了盲目追求产量产值,当时厂里把车速一加再加。21支精纺机车速由280转不断增加到320、360、380转,最高到400转;32支精纺机车速原277转,增加了80%;普通布机车速由195转不断增加到200、240、260、280转,最高到295转。

当时农村中的"人有多大胆,地有多大产"的口号,在苏纶厂同样疯狂地风行着。

那段时间,全厂职工沉浸在一片热潮之中,浑然不知潜伏的祸害正在悄然而至。

产量是大幅度提高了,可是质量令人担忧。许多问题接踵而来:电动机经常烧坏,断头、空锭多,机物料消耗大,机械不能正常维修,等等。

国家纺织部部长钱之光等来厂视察,看到了这些情况,心情十分沉重。他反对盲目加速,严肃地指出:提高车速后锭子等设备磨损严重,是得不偿失,是赔本的买卖。

直到后来,盲目高速的后果进一步显现出来,厂里才不得不把车速降下来。

在全国掀起的大炼钢铁的浪潮下,苏纶厂也抽调了大量的人力和物力,建造高炉,大炼钢铁。为筹建"苏纶机械钢铁厂",把厂南面的苏纶小学迁移到梅家桥,苏纶小学作为钢铁厂基地。先后建土高炉37只,大小炼焦窑27只,小转炉3只,炒钢窑2只,坩埚窑8只,水泥窑2只。还把机修车间原有的16台机床抽出来,用于炼钢炼铁。同时还制造了卷扬机55台,鼓风机、轧煤机等多台,如此等等,苏纶厂俨然成了一个小而全的钢铁企业。

在当时,苏纶厂还办了许多子厂,如机械钢铁厂、杂杆纤维厂、耐火砖厂、水泥厂、机械厂、纺织用品厂等。

1959年2月,上级主管部门决定,将苏纶机械钢铁厂与苏州纺织机械厂合并,成立苏州纺织机械厂,城隍庙处的杂杆纤维厂与沧浪区毛纺厂合并为苏州毛纺厂。还有其他的一些子厂,因"皮之不存,毛将焉附",之后就自生自灭,不见了踪影。

那些小高炉也渐渐熄了火,工地上一片断砖残瓦。往日热火朝天的场面,顿时变得冷寂无声。

1959年5月,按照中央精神,由于"大跃进"初期过多地抽调农村劳动力,使农业战线受到极大的削弱,为确保粮棉生产,苏纶厂动员1400多人下放农村,支援农业生产。

1961年,党的八届九中全会提出了"调整、巩固、充实、提高"的八字方针,苏纶厂与时俱进,发扬实事求是精神,总结经验,吸取教训,随之开展了"以产品质量为中心"的一系列整顿。

时间的刻度,改变了人们的认知。

苏纶厂走出了狂热之后,渐渐恢复了往日的平静。

第七章 "文革"期间(1966—1976年)

受到干扰

1966年5月16日爆发的"文化大革命",风雷激荡,席卷全国,给全党和全国人民带来了深重灾难。

在这场内乱中,苏纶厂不可能幸免于难。政治风云,同样在苏纶厂内不时地翻腾。

在"破四旧、立四新"的声浪中,厂里的一些"造反派"认为,原有的厂名"苏纶纺织染厂",有着明显的严氏资本家的色彩和影子,因此改名为"人民纺织厂"。

"文革"初期,苏纶厂一下子成立了大大小小13个"造反战斗队"。各个"造反战斗队"都握有一枚大红印章,有的印章如"蟹壳黄"烧饼般大。大红印章到处飞,"战斗队"到处窜来窜去地"闹革命",一片乱糟糟的样子,企业焉能不陷入混乱之中。

之后,受上海"一月风暴"夺权的影响,"造反战斗队"联合了"红色革命造反联合委员会"(简称"红革会"),于1967年1月27日夺了厂里党政大权。厂党委处于瘫痪状态,职工代表大会制无形解体,新成立的造反大队替代工会工作,以搞阶级斗争为能事。

随之,"红革会"对厂内绝大多数干部和技术人员进行了批判和斗争,把一大批厂领导和老干部打成"走资派",关进牛棚;把大批在党的培养下,在生产上做出贡献的先进人物打成"黑线人物"。

此外,一场场大大小小的批判会,对厂里的生产经营与各项规章制度乱批一通。认为规章制度是"管、卡、压",生产经营是"利润挂帅""唯生产力",等等,统统要砸个稀巴烂。结果,工厂处于无政府状态,生产秩序陷入混乱,致使事故频发。在不到一年的时间里,竟连续发生5次重大工伤事故。

1967年3月,驻苏部队派出10多名解放军进驻苏纶厂,开展"三支二军"(支左、支工、支农,军管、军训)。

苏州市一部分"造反派"夺了苏州市委和市政府的大权后,成立了"苏州市革命委员会"(简称"苏革会"),因而在群众中分成了支持和反对"苏革会"的支、踢两大派。1967年7月24日,爆发了大规模的武斗。苏纶厂有一部分"造反派"也参加了武斗,致使企业全部停工停产。

当时城内大部分为"踢派"控制,城外为"支派"控制。苏纶厂处于城内外的交界处,为双方必争之地,又是"支派"的重要据点,大部分职工不敢上班,生产断断续续。1967年仅开工185天,给企业造成了重大的损失,棉纱棉布的产量,都不到正常年份的一半,利润只是正常年份的三分之一。

1968年9月,苏纶厂造反派借苏州医学院大礼堂召开了全厂有4000多职工参加的批判大会,会上一批干部被揪斗,进而被宣布"靠边审查"或下放车间劳动。

之后,"造反派"又以"清理阶级队伍"为由,提出了"砸烂严家黑班底",清查所谓"反动组织",如"一百零八将""下太湖组织"等,办了各种类型的学习班。参加的对象大部分是厂内原有的党政干部,有100多人,被迫吃住在厂里,不能与外界联系,没有行动自由,从而使厂里充满了人人自危、人心惶惶的肃杀之气。

被关的干部在人身和精神上,大多受到严重伤害。

在大搞"逼、供、信"的风气之下,还制造出了一些冤假错案,幸而之后基本上都得到了平反和纠正。

坚持生产

苏州自分裂成两大派后,武斗断断续续相持了近8个月,至1968年3月,苏州市两大派实现了大联合。厂里的两大派,3个造反组织("红革会""革联会""联络站")于3月17日实现了大联合。是日,在厂内广场上召开全厂职工参加的庆祝大会。会后,职工列队到市内进行了一次大游行。

大联合后,经苏州市革命委员会批准,成立了人民纺织厂革命委员会。

至此,苏纶厂基本上摆脱了职工队伍分裂的局面,也逐步开始恢复了正常生产。

"文革"时期,尽管生产断断续续,但还是办成了几件事:

其一,1969 年至 1971 年,苏纶厂排除干扰,克服种种困难,为解放军部队生产了 3 批共计 1700 万米的军需布。在生产过程中,广大职工怀着对人民军队的深厚感情,加班加点,严格把守质量关,圆满完成了此次任务,受到了部队后勤部门的称赞。

其二,新建二纺车间。原来的二纺车间太陈旧了,还是 1930 年春建造的,面积为 7298 平方米,有纱锭 3278 枚。时隔 38 年之后,已经显出破损不堪的老态。由于车间部分机械所用传动天轴附设在柱子上,震动较大,加上年久失修,屋面严重漏雨,屋架柱脚歪斜腐烂,车间已属危房,严重影响职工安全,因此需要翻建改造。1967 年 5 月,翻建工作由苏州市建筑公司工程队承担,后因大规模武斗,不得不中途停工。至次年 7 月,工程恢复施工。经过两年零五个月,终于完成了这项基建工程。新二纺车间建成后,一改以往光线晦暗、棉絮飞扬、车弄狭窄的陈旧面貌。

其三,新建三纺车间。"文革"末期,苏纶厂为了进一步扩大生产能力,增强后劲,决定新建 11515 平方米的新三纺车间,结构形式与新二纺车间相同,于 1974 年 10 月动工,由市建筑公司承建,仅用了 1 年时间,至 1975 年竣工。新三纺车间建成后,共拥有纱锭 36080 枚,安装的设备均为当时国内最先进的纺织机械。

激情与速度

回转钢令与喷气织机的盲目推广,使苏纶厂吃了撞壁之苦,说明有些时候,激情并不等于速度。

在"文革"期间,苏纶厂以发展生产为主导,为增强后劲,先后兴建了二纺、三纺车间,但也办了一件蠢事。

1970 年初,苏纶厂不经试验,盲目地跟风,照搬外地同行单位还在试验过程中的回转钢令和喷气织机,说是可以增加棉纱棉布产量,结果折腾了一场,不仅劳民伤财,而且影响了生产,教训值得记取。

何为喷气织机与回转钢令,这是纺织技术上的事,笔者不懂。只知道,喷气织机是采用气流引纬的一种新型织机,是美国人在1914年发明的,但由于车速低、能耗高等各方面的因素,一直处于试验阶段。1950年,捷克斯洛伐克生产出第一台喷气织机。直到20世纪70年代,喷气织机才开始逐步应用于纺织生产。回转钢令,也是纺纱技术上的革新项目之一,可以提高车速,增加产量。

应该说,运用和推广新技术的本意并没有什么不好,问题是不经试验就大面积地投入到生产中去,结局往往是事与愿违。

当时,厂里干部围绕要不要上和要不要大面积上这两个项目的问题,展开了争论。不能不说,在那个"极左思潮"占主导地位的年代,"主上方"无疑占了上风,最后强行将152台细纱机63456枚纱锭全部改为回转钢令,共耗用资金23万元。结果使用了不到半年,终因断头太多,回转钢令经常失灵,产品质量不好,只得全部下马。

至于喷气织机,当时技术还不太成熟,厂里就盲目将200余台织机改为喷气式,结果试织12支粗布1年,因织出的布质量不好,达不到质量标准,也只得下马,恢复原状。在"改喷"中,仅翻改的机配件就损失3万多元。

当时在厂里的机修车间旁的废品堆上,堆满了下马的回转钢令配件,以及还没有加工的铸铁件,上面已经锈迹斑斑,可见造成的浪费有多少。

回转钢令与喷气织机,由于还在试验之中,很多方面还不完善,苏纶厂部分干部一时头脑发热,就盲目大面积推广,不按客观规律办事,结果造成了巨大的浪费。

激情在有些时候不等于速度。

第八章 重新崛起(1977—1986年)

从徘徊中起步

1976年以后,苏纶厂生产从徘徊中开始起步。

1978年12月党的十一届三中全会之后,停止了"以阶级斗争为纲"的做法,党的工作重点转移到了现代化发展的轨道上来。

苏纶厂与时俱进,致力发展生产。通过企业整顿、整党及实行厂长负责制,给企业注入了新的活力,苏纶厂获得了又一次空前的发展。

苏纶厂在新的起点上,开始重新崛起。

苏纶厂以其规模与生产能力,长期以来,一直享有不俗的名声。它是国家经委颁布的585个全国大中型国家企业之一,是江苏省八大棉纺织企业之一,又是苏州市11个重点企业之一,不但执全市纺织业之牛耳,而且是重要的对外出口基地,并被国家经委授予"全国设备管理优秀单位"的称号。

至1980年初,苏纶厂已发展成为完全型棉纺织企业,拥有11万纱锭、2万线锭、1300台布机,职工达7500人。它每年完成的利润额数以千万元计,上缴利税约占全市纺织业五分之一,出口创汇额年年都有较大递增,1986年达2220万美元,赢得了"摇钱树"的美誉。

然而,这些成绩的取得,还不能说是出类拔萃的,以苏纶厂具有的雄厚实力和经验优势来说,它只是完成了它起码的本分而已。

1982年3月,苏州市委整顿企业蹲点组来到了厂里。当时的市委副书记周治华是蹲点组组长。在一番调查研究与分析之后,他向苏纶提出了更高的发展要求。

他一针见血地指出:"苏纶的产品和它的实力不相称。厂老牌子软,厂大名气小!"

他提出,苏纶老树要开花,要开出"效益花"和"名牌花"。

当蹲点组的认识成为全厂职工的共识后,全厂上下开始了一场让"牌子硬起来,名气大起来"的实际行动。

雨催花发

企业管理是全面提高企业素质的一项重要工作。新中国成立之后,苏纶厂的管理长期处于传统模式,许多制度不配套,也不健全。"文革"中又受到冲击。粉碎"四人帮"后,经过企业整顿,企业管理才逐步走上科学化、现代化的轨道。

当然在这背后,彰显了苏纶人致力于企业发展、提高企业水平的热情和"抓铁留痕"的实干精神。

全面狠抓企业管理,全厂上下齐动员,不仅提升了企业的管理水平,也使得各项管理制度深入人心,使之落实到位。

在全面增强企业管理的情形之下,苏纶厂的各项工作开始凸显回暖的迹象,继而推动了企业的全面提档升级。

于是,在企业管理之"雨"的湿润下,催发了一朵朵企业之"花"。

在计划管理上,苏纶厂于1982年建立了计划调度科,把计划安排与日常生产调度统一起来,建起了一个完整的计划管理体系,使每一个部门、每一道工序都与厂里的生产经营贴紧,环环相扣。与此同时,厂里还加强了计量、定额、统计的原始记录和信息反馈等各项基础工作,从而使厂里的生产在计划的指导下有条不紊地有效进行。

在技术管理上,苏纶厂的最大亮点就是把着眼点放在车间一线,不断进行操作培训,通过建立和健全岗位、交接班、清整洁、奖惩等制度,保障生产技术在每个工段、每个班组的落实。

在这一时期,厂里每年都要举行各种类型的操作技术运动会,不断提高职工的技术操作水平,全厂涌现了一大批操作能手。在各项考核评比中,厂里的历史纪录频频被打破。一些技术操作尖子,在省、市、局的操作比赛中获得不少奖项与名次。(见图15)

在质量管理上,苏纶厂稔熟产品质量是一个企业的命脉,以往虽然从来没有放松过质量管理,但是从来没有像企业整顿后那样重视质量管理。整顿期间,厂里成立了全面质量管理办公室,对厂里从原料进厂到成品出厂的每一个环节进行有效的监控,使产品质量得到进一步优化。1984年,苏纶厂的一纱一布双双被评为部优产品,并获国家质量银质奖,同时苏纶厂被苏州市经委评为"全面质量管理先进企业"。(见图16)

图15　1993年9月,苏纶厂举行第十届操作运动会,图为小金工赛场

在设备管理上,尽管厂里的设备在不断更新着,但由于加强了维修和保养工作,并且建立实施了相关规章制度,因此取得了显著效果。在1985年的国家考核中,苏纶厂的设备利用率为97%以上,设备完好率为100%,设备维修费用率为2.07%。同年,在江苏省设备检查中苏纶厂名列第一,被评为省设备管理优秀单位。1986年,国家经委授予苏纶厂"1984—1985年全国设备管理优秀单位"称号。

图16　1984年,"神鹰牌"棉布获得国家质量银奖

其他的劳动人事管理、财务管理等方面,也都得到了加强。

总之,在这一时期,苏纶厂的各项工作在全面的企业管理之下都有了一个新的提升,无论是企业的名声,还是产品的名牌,都跃上了一个新的台阶。

几年前,企业整顿小组提出的"厂老牌子软,厂大名气小"的问题得到了显著改变。苏纶厂的华丽转身,使企业在生产经营上进入新中国成立之后的一个巅峰。

有人在评价这一时期的苏纶厂时说:"一个世纪两个陆"。

一个"陆",指的是陆润庠,他是苏纶厂的开山鼻祖,有了他的创建,才有了以后苏纶厂的百年历史;而另一个"陆",指的就是这一时期的厂长陆慕烈,是他率领着全厂职工一起努力,倾献智能,使苏纶厂重放光彩。

当然,这发展的背后,还有党和国家的支持,是党和国家政策为苏纶厂提供了发展的机遇和空间。

生产经营活色生香

1985年5月,苏纶厂成为苏州市首批试行厂长负责制的单位,由厂长对企业生产经营、行政管理工作实行全面领导,统一指挥。

实行厂长负责制后,厂里专门成立了指挥决策机构"总师室",由总工程师、总经济师、总会计师组成,协助厂长决策,从而加强了直线系统的指挥和横向机构的协调。

在这期间,苏纶厂在生产经营上有许多的转变,增强了企业活力。

苏纶厂在1983年就提出"内联外挤"的经营决策,在当时较好地解决了产销矛盾,促进了企业生产稳步发展。实行厂长负责制后,厂里为了争取更大的市场份额,尤其是出口份额,又提出了"立足国内市场,眼睛向外看,产品向外挤"的策略。1983年,纱的直接出口从人造棉一类3只品种增加到一类12只品种,出口产量占总产量的比重从18.69%提高到26.73%;布的直接出口从单一的窄幅4只品种,扩大到窄、阔并重的8只品种,出口产量占总产量的比重从46.87%上升到63.39%。

此时,为外贸生产的机台占到80%以上。苏纶厂迎来了外贸生产的春天。

下面一组创汇额节节攀升的数字,更能说明苏纶在出口生产上的意气风发:1983年为320万美元,1984年为1954万美元,1985年为1630万美元,1986年为2220万美元。

在这期间,苏纶厂的生产经营方式也有了根本性的转变,由生产型转变为生产经营型。

只顾生产,不管经营,已经不能适应活跃的市场态势。苏纶厂敏锐地感受到经营与生产是同等重要的。为此,厂里立马调整和充实了原料、供销与科研等部门的力量,并在1986年新建了"开发办公室",配备了专职人员,会同有关部门做好新品种的开发和研制工作。

与此同时,厂里加强生产计划调度,按照国内外市场的需求,灵活组织生产安排,使企业增强了适应能力和应变能力。

开展市场调查,掌握信息动态,也是苏纶厂在"转型"中的一个改变。当时苏纶厂已经与江苏省内外的 300 多个单位建立了业务往来,通过这些"窗口",苏纶厂以销定产,产销衔接,产品适销对路,从而大大提高了企业的经营管理水平。

企业整顿以后,按照"以销定产"的原则,厂里调整了产品结构,增加了阔幅品种,在 1983 年前,只有部分窄机改阔机,至 1986 年底有阔机 500 余台。另外,这一阶段苏纶厂的产品还有如下几个方面的变化。

第一,增加了高支纱生产。1987 年 1 月,开始生产 80 支纯棉纱。(见图 17)

第二,不断研发生产新品种。1986 年投产了 4 只新品种:47 寸 2525 仿毛中长坯布,17 支出口涤棉混纺结子纱,气流纺粗支纱及 80 支纱,并研制了涤纶 32 支中长纱、高密纯棉府绸等。

图 17 工人正在认真检查棉纱质量

第三,出口产品的结构发生了变化。1984 年,全厂出口纱品种从单一的人造棉,发展到涤棉、天然棉、人造棉三大类 10 多只品种。出口布由单一的窄幅变为阔窄并重。棉布出口合格率保持在同类行业中的先进水平。

1984 年 8 月,苏纶有两只产品,即"桥亭牌"10 支无光人棉纱和"神鹰牌"20×20 人造棉布,双双被国家经委评为质量银牌奖。

由于这几年企业全面加强了质量管理,产品质量有了普遍提高,先后有 15 只产品 42 次被江苏省评定为优良产品,有 7 只品种被中纺部评为优良产品。

以上种种,可谓硕果累累。

在此期间,苏纶厂还派出一批技术人员与工人,去泰国援建泰美纶纺织厂,去苏丹为清尼罗河纺织厂提供技术服务。

今天你学了吗

"今天你学了吗?"成为一句口头禅,是苏纶厂开展职工教育的生动写照。

全面提高职工素质,从加强职工教育入手,是苏纶厂的一个亮点。

新中国成立后,苏纶厂出现过两次职工教育热潮。一次是新中国成立初期开展的扫盲教育,因当时全厂工人中90%为文盲,针对此情况,厂里建立职工业余学校,大面积开班,对职工开展扫盲,取得了显著成效,使上千职工脱盲。此后,苏纶厂成立专门的教育班子,坚持不懈地加强职工教育,使之成为长效机制。另一次是改革开放后,厂里通过自办技校、外派深造等形式,培养和造就了一大批具有科学技术知识和现代企业管理才能的人才。

十年动乱期间,企业的职工教育受到干扰和破坏。原先的教室被挤占,教师改行,职工学校也被迫停办。

在党的十一届三中全会指引下,苏纶厂的职工教育重整旗鼓,迅速得到了恢复和发展。

为了使职工教育趋于正规化,厂里从新建的一幢四层大楼中拨出两层,专门作为职工教育场所,设有12间教室,总计教育用房850平方米,建立了37人的师资队伍。根据企业特点,结合生产实际和各工种的要求,采取多种形式办学,普及与提高并举。学制有长有短,学习方式有全脱产、半脱产、业余三种,办学形式有车间办、部门办、厂部办,以及厂部和车间联合办等多种。

1982年9月,苏纶厂成立了职工教育培训中心,根据"三结合"(把计划生育工作与发展社会主义市场经济相结合,与群众勤劳致富奔小康相结合,与建设文明幸福家庭相结合)的教学要求,设立了政治、文化、技术三所学校,分期分批对全厂职工按照不同对象、不同层次、不同要求,进行政治理论教育、文化教育和技术应知应会的理论与实践教育。

为了使职工教育制度化,在企业整顿之后,制定了《苏纶纺织厂全员培训条例》,由职代会通过并贯彻执行,职工教育被纳入厂长工作方针和企业目标,并作为一项重要的考核指标。

从1982年开始,苏纶厂作为中级技术培训试点单位,试办了第一期"钳工培训班"。同年正式承担省厅交办的"清棉保全中技培训班",系统培训平车队长和技术骨干,每期脱产半年,为企业提供了一批技术力量。

在这一时期,苏纶厂的职工教育可谓是热火朝天。职工与职工见面后少不了的一个热门话题就是:"你在哪个班学习?"或者说:"今天你学了吗?"

1984年,苏纶厂的棉纺织技术学校被江苏省教育厅批准认可,纳入国家教育计划,对外招收学员。

厂里每年要送20个左右的人去上大学,其中有厂部和车间的干部与技术骨干。

曾有人问过当时的厂长陆慕烈,花这么大的精力和财力办职工教育,是不是有点得不偿失?回答是否定的。因为在办企业的过程中,不能只是看到生产,企业要发展,需要有一大批有科学文化的人才,企业发展才会有后劲。作为企业领导要有长远眼光,决不能目光短浅。

苏纶厂的职工教育卓有成效,不仅在全市纺织行业中首屈一指,就是在全国同行业中也享有名声。

职工教育的普遍开展,极大程度地提高了职工的文化水平和技术素质,这是无可置疑的。

苏纶厂在加强精神文明建设、全面提高职工思想素质的同时,职工的业余文化生活也搞得风生水起。

企业整顿以来,厂里逐步恢复和增设了工人俱乐部、图书馆、乒乓室、游艺室等娱乐文化场所,成立了足球队、篮球队、排球队、乒乓球队,积极开展体育活动。

厂工会采取职工喜闻乐见的形式,积极开展各种文化娱乐活动,融"趣、乐、美、益"于一体,以"唱、讲、奏、演、舞"的形式,开展各项活动吸引广大职工。仅1986年,就先后举办了"家庭演唱会""班级演唱会""苏纶青年十大歌手比赛"等12次大型文艺会演和文艺晚会,还举办了各类球赛、棋赛、田径赛24次,吸引了众多的球迷、棋迷和业余爱好者。另外,还举办职工书法、美术、摄影、剪纸等的展览和比赛,挖掘出了一大批业余文艺爱好者,丰富了职工的业余文化生活。(见图18、图19)

有人说,苏纶厂的文艺实力与整体水平,在全市也是响当当的。

1983年7月,苏纶工会得到全国总工会的奖旗,被誉为"工人的学校和乐园",并授予"职工之家"的称号。

图18　1984年10月,苏纶厂举行首届青年十大歌手比赛,图为比赛现场

图19　苏纶工人演出的获奖舞蹈《担鲜藕》

苏纶厂还创办了企业报《苏纶报》,使之成为全厂职工的又一份精神文化食粮。

第九章　破产与终结(1987—2004年)

无奈破产

事物的发展,总是不以人的意志为转移。从20世纪80年代中期开始,苏纶厂重现了以往曾经有过的辉煌。

然而,潜伏着的、影响和阻碍苏纶厂继续前行的诸多不利因素,开始渐渐显现出来。

20世纪90年代之后,国外主要市场波动,对中国的棉纺产品实行限制,因此苏纶厂在生产经营上受到了不小的影响。

而在国内,从20世纪80年代末开始,因改革开放后实行经济双轨制,绝大部分的国有企业在计划经济下放不开手脚,而市场经济发展很快。当时,乡镇棉纺织企业可谓风起云涌遍地开花,加之他们灵活轻巧的营销手段,一下子挤占了不小的市场份额,因而苏纶厂不可避免地受到了很大的冲击。

尽管苏纶厂当时拥有的生产设备经过历年的更新和技术改造,具有足够的生产能力,但是由于市场空间被挤占,生产的产品无法畅销。

在市场供大于求的情况之下,苏纶厂的库存开始大量积压,随之出现了资金周转困难的被动局面。

因受市场经济影响,国内棉花收购价格放开,市场竞争日趋激烈,由于生产成本居高不下,致使苏纶厂亏损严重,陷入了困境。

生产销售受到严重影响之后,厂里各种不利因素相继出现。

1986年末,苏纶厂有职工7500多名,本是工厂一支创造财富的有生力量,然而在企业开工不足、经济效益下滑时,员工又成了不小的经济负担。一个偌大企业的日常开销,显得捉襟见肘,加之有退休工人2000多名,企业已经举步维艰。

仅举一例,全厂每年的医药费用,从20世纪80年代开始,年年都在攀升。从起初的几十万,到近百万,继而增加到200万、400万……这些逐年上升的惊人数字,着实令人惊叹。仅苏纶厂一年的医药费,抵得上有些中小企业一年的利润了。

此外,还有诸多其他的开支,使得苏纶厂不堪重负。

1994年到1998年,苏纶厂已经连续五年亏损,负债率已达120%。

1998年,苏纶厂奉命压缩6.25万纱锭,更使企业处于两难境地:生产规模受到限制,产品销售渠道又不通畅。

到期的债务无法偿还,大量的银行贷款仅利息每年就高达几百万元。经国家有关部门批准,核定核销苏纶厂的呆账坏账已达22820万元。资不抵债,使苏纶厂跌入到了回天无力的低谷。

显然,苏纶厂这样一艘巨舰,已经难以继续前行。

1998年,经苏州市人民政府同意,苏纶厂向苏州市中级人民法院申请破产,从8月5日开始进入破产程序。经过3个多月的清理债权债务、审计评估资产、分流安置下岗职工、资产公开拍卖等一系列工作,苏州市中级人民法院终于发出民事裁定书,于11月16日正式宣告苏纶厂破产。

这是一个值得记住的日子。

面对破产,大多职工还是表现出无奈、惋惜、迷茫与彷徨的复杂心情。

但不管怎样,苏纶的破产已经是不可逆转的事实,太多的叹息也无济于事。

"新苏纶"的延续

苏纶厂实行政策性破产后,除了一部分职工提前退休外,保留了大部分的职工,而企业资产没有流失,依然保存完好。

根据国家安排,破产后的苏纶厂通过资产重组,于1998年底成立了"新苏纶纺织有限公司",经济性质仍然是国有经济。

此时的"新苏纶"有总资产1.8亿元,纱锭5.19万锭,有梭、无梭、喷气布机500多台,职工4200人左右。

由于"新苏纶"摆脱了债务的羁绊,加上此时的市场发生变化,原料价格大幅下降,而成品价格变化不大,因此仅此一项,就让"新苏纶"在第二年赢利1200万元。

此后的三年,即从1999年至2002年,"新苏纶"一直处于平稳的赢利状态。

连年的赢利,又使"新苏纶"获得了发展空间。2001年,"新苏纶"投入2000余万资金,进行技术改造。除增加部分纱锭和细纱机外,还引进国内外的清钢令设备、自动落筒机、精梳机及匀整并条机等先进设备,从而使企业在产品质量、开发新品、经济效益诸方面都有明显提高。

随着我国的经济改革进一步深化,国家要求一般经济竞争领域的国有企业要全面实行股份制的改造。这一时期,大部分国企都进行了"国退民进"(国有产权交易出让、民营经济进入)的改制。

2002年,苏州市委、市政府在加快城市建设的过程中提出了"退二进三"的要求,即在老城内减少第二产业,加速发展第三产业。

在这一经济规划框架下,由于苏纶厂地处苏州南门地区,为打造新兴的南门商业圈,政府决定对"新苏纶"实行改制,并要求"新苏纶"搬迁至城市周边。

这时,企业曾试图通过内部转让、公开拍卖等方式进行改制,并多次召开职工代表大会听取意见,均因大部分职工反对而宣告失败。

此后几经反复,在改制无果的情况下,政府决定对苏纶实行关闭,对职工通过提前终止劳动合同、协保、提供劳动岗位等多种方式和渠道,进行妥善的分流和安置。

2004年4月27日,"新苏纶"正式宣布关闭。

从此,"苏纶"这一名字,成了一个历史的符号。

新苏纶在关闭之后,2004年5月,由苏州市工投公司委托拍卖公司,对苏纶的机器设备进行拍卖。土地收归国有后,在2007年进行竞拍,最终由浙江嘉业集团以16.1亿元拍下苏纶地块。然后,在苏纶原址上,一座繁华的"苏纶场"拔地而起,融入南门商业圈的规划蓝图。

经历了百年沧桑岁月的苏纶厂,至此画上了一个句号。它带着厚重的苏州泥土气息,以及人们的记忆,从此定格在苏州史册中,也定格在中国纺织工业的历史中。

苏纶厂的终结,像是一场熟睡,她已经完成了她的终章。她的生命曾经与城市共荣过,而今走去了,渐行渐远在历史的深处。

第十章 苏纶情未了（无时间界定）

跳出苏纶看苏纶

在苏州的地界上，苏纶是一个享有盛名的老牌子大厂。

在它跌宕起伏的百年历程中，它的存在，无疑是苏州的一个荣耀。它是苏州纺织业界的一个龙头企业，无论在江苏省还是全国的史册上，它都写下了浓墨重彩的一笔。据称，在新中国成立前，苏纶厂的产值就占到全省的百分之一，新中国成立后它每年创造的利润，可以再造一个苏纶厂。苏纶厂创造的财富，为国家与苏州做出的贡献，是有目共睹的。

其实，苏纶厂对于苏州这座城市，留下的不仅仅是物质财富，还有它酿造的精神财富和做出的社会贡献。

所有这些，将被历史铭记，永远不会被抹去。

回首苏纶百年中的功绩，最好是跳出苏纶看苏纶。站在历史的高度上，才能看到一个真实的苏纶，看到它所做出的许多广泛而深远的社会贡献与影响。

曾记否？

苏纶厂是一个吸纳大批劳动力的就业"磁场"。

我们不去探讨"是工人养活了资本家，还是资本家养活了工人"这样的话题，从另一个角度去看，一个工厂的存在，毕竟吸纳了一批社会劳动力。

就说苏纶厂，在百年之中，在让资本家攫取剩余价值的同时，也让无数的工人获得劳动权利，并得到了一定的报酬。新中国成立后，它在为国家创造丰厚利税的同时，也给苏纶工人提高生活质量带来了实惠。

1897年，苏纶在初创时就拥有2200名工人，此后每年的职工人数均在三四千左右,是当时苏州城里拥有职工最多的一个工厂。新中国成立之后,随着生产规模的不断扩大,工人人数也随之不断增加。到1977年后,基本保持在五六千人,1981年之后,每年的职工数均在7500人左右。

由于苏纶厂在工资、福利待遇方面要优于同行企业,新中国成立以后一直是就业者的首选。

细算一下,在百年期间,算它经历了五代人,一个苏纶厂曾经吸纳过多少工人?

曾有人细算过,至少有5万余人在苏纶厂劳动工作过。

一茬茬的苏纶人,在为国家和社会创造物质财富的同时,也为这座古老城市的生命延续注入了生机。

曾记否?

苏纶厂的存在,是推进城市建设和繁荣南门地区的一个不可或缺的元素。

苏纶创建时,选址青旸地,即现今南门外一带,那时候还是一个荒坟之地,过现在的团结桥向南,便是连天的大片农田。当时南门与盘门的大块地方,因荒芜冷寂和人迹稀少,即有"冷水盘门"之说。由于苏纶厂的兴建,数千工人上下班来来往往,不仅给这地方增添了人气,同时也促进了路政建设。苏州的第一条马路,首先从觅渡桥沿河修到了日租界西侧,随着苏纶纱厂和苏经丝厂的开建,继续向西延伸,与盘门、吴门桥一带连接起来了。

1927年,严裕棠独资买下苏纶纱厂后,苏纶厂的生产经营步入了一个"黄金时期"。为了解决职工的住宿问题,严裕棠在盘门外建造了150间房子,供职工居住,取名为"光裕里"。为了便于职工上下班来来往往,严氏出资对厂门口的盘门路、南门路进行了拓宽和整修。

随着数千苏纶工人居住,在盘门一带先后开出了商店、茶馆、菜场、饭店、杂货铺等,以满足居民的需要,为盘门地区带来了繁荣,使"冷水盘门"渐渐地热了起来。

新中国成立前,住在城里的工人去苏纶厂上班,只能从盘门出,走过高高的吴门桥,经过盘门路,进入苏纶厂。当时还没有人民桥,人民路的南端与现在的人民桥接头处,横亘着一堵高高的城墙,城墙外是一条宽阔的护城河。1951年,苏纶厂出资协助市政府拆了城墙,造起了人民桥,从此将苏纶厂与南门地区连接在一起,南门成了苏州的南大门。随之,苏纶又在近潘村和盘门一带建起苏纶工人新村,从而促使了南门地区的交通与生活环境得以优化。

如今,南门地区已成为苏州市区仅次于观前、石路的第三商业圈,追根溯源,这与掺入了苏纶厂这个元素是分不开的。

曾记否?

苏纶厂是培养和输送干部的摇篮。

新中国成立后,苏纶厂通过培训、深造,以及在实践中培养,造就了一批又一批的优秀干部。在这些干部中,除了企业自用,被提拔到各个领导岗位外,有的经上级组织部门审查考察后,被输送到苏州的各个企业与机关,担任领导职务。

新中国成立以来苏纶厂输送出了多少干部?虽然没有人作过详细的统计,但完全可以用"很多很多"来表述。

"苏纶厂出干部",这是一个不争的事实。

还有苏纶厂所做的种种公益事业,也是数不胜数。

跳出苏纶看苏纶,更能看清苏纶的全貌。在百年中,它创造的物质财富和精神文明财富,以及在苏州这座城市的发展进程中发挥的积极作用和产生的社会影响,都将被历史铭记。

劳模如云

苏纶厂的劳模、先进多。

如果吹响一个"集结号",将苏纶厂历年涌现的劳模、先进标兵集合起来,完全可以站成一个壮观的方队。

说苏纶厂的"劳模如云",并不夸张。

自从我国开展评选劳模、标兵之类先进人物以来,据不完全统计,苏纶厂先后有近百人获得市级和市级以上劳模、先进、三八红旗手之类的光荣称号。其中,有不少劳模和先进是连续多年的,有的是国家级和省部级的。如"汪兰英小组",是 1959 年在全国群英会上被命名的,在此后 30 余年中,小组姐妹们与时俱进,以骄人的业绩,又先后被中华全国总工会、国家经委命名为"全国先进班级",被中纺部、省市授予"三八红旗集体""郝建秀式班组""信得过班组"等荣誉称号,被称为中国纺织系统一朵"盛开不败的纺织花"。继组长汪兰英之后,年轻的后任组长滕惠珍在 1986 年荣获全国"五一"劳动奖章。(见图 20、图 21)

图 20　1994 年 5 月,苏纶厂举行"汪兰英小组"建组 38 周年和命名 35 周年大会

图 21　厂工会带领汪兰英小组成员到汪兰英家慰问,左四为汪兰英

至于厂内评选的厂级先进、标兵人物,每年都在二三十人以上,历年累积起来,数量就可观了。

苏纶厂的劳模、先进,不只业绩骄人,而且享有许多响当当的称号。

苏州著名作家朱红在他撰写的《苏纶的崛起》报告文学中,有一段精彩的描述：

　　至于苏纶厂的先进人物，更是灿若繁星，数不胜数，如省劳模陶引娣、"五一"劳动奖章获得者滕惠珍的事迹，即使摘要也得一大篇。关于技术过硬、热心帮教的全国三八红旗手周杏媛，关于身患重病、仍一心攻克尖端的工程师吴汉章，都可以单独写一篇丰富的报道。

　　……她就是创47万米无疵布优异成绩的庄秀萍，1986年她被评为纺织部"双文明积极分子"、"市劳动模范"……还有同年被评为市劳动模范的强佳虹，她的接头本领，速度之快，简直到了出神入化的境地。她的这手本领在多次比赛中获胜，在南通的"长江三角洲操作表演交流赛"中荣获第一。（见图22、图23）

图22　1986年获纺织工业部双文明积极分子，又获1986年、1987年苏州市劳模称号的庄秀萍正在车间操作

图23　荣获江苏省、苏州市劳模和江苏省新长征突击手称号的强佳虹在车间操作

　　……她们都是普普通通的女工，单纯得像一滴水，却在阳光下能反射出绚丽的色彩。就是这些普普通通的职工，如无数音符，谱就了苏纶崛起交响乐的主旋律。

　　那么，缘何苏纶厂的劳模、先进会这么多？

　　苏纶是一个在苏州市里举足轻重的大厂，拥有7000多名职工，每年创造的业绩令人瞩目，在全国纺织业界享有盛名，所以评选劳模先进，苏纶厂获得青睐是必然的。

　　苏纶厂拥有的劳模、先进群，不仅素质好，而且技术过硬，他们在各种技术比赛交流中创造的优异成绩，往往名列前茅，令人刮目相看。应该说，他们获得各种崇高荣誉称号，是受之无愧的。

苏纶厂通过不断的技术培训,举办各种技能比赛,极大程度上激发了广大职工争先创优的热情。在比赛中,每个职工总是瞄准"第一",展示出自己最优秀的一面。在你追我赶的劳动竞赛中,他们以过硬的技术与本领,在一次次的超越中脱颖而出。玫瑰,总是在风雨中绽放。

一大批劳模、先进,就是这样造就的。

不难发现,20世纪五六十年代的劳模先进与80年代的劳模先进,在经历、学历和知识面等方面有着明显的不同。五六十年代时的劳模先进,大都是生在旧社会,是穷苦人家的孩子,文化水平不高,见识不广,却情感朴实。他们进厂后只知道在自己的岗位上默默地辛勤劳动,以优异的成绩报答党和工厂对他们的关怀。而80年代的劳模先进,虽然他们也是在劳动中创造优异的业绩,但他们属于年轻一代,大多拥有初、高中的文化程度,他们见多识广,不仅追求时尚,而且知识面广,因此在工厂一次次的推行新技术中,总是走在前头,成为佼佼者。(见图24)

图24　苏纶厂每年组织劳模、标兵外出旅游

不同时代的劳模先进,有着同样的风采。

苏纶厂的不少劳模先进,经过自己多年的历练,加上组织上的着意培养,他们中有的后来被提拔为干部,走上了领导岗位,有的还被抽调到市、局机关和其他单位担任领导。

劳模、先进的荣誉称号,成为他们人生中的一个亮点。

但他们从不骄傲自满,因为他们知道,自己只是开出的一朵花儿,没有了绿叶相扶和根的输送养料,自己就会失去光彩,就会枯萎。所以他们一直怀着一种感恩之心,与姐妹们如鱼水般融合在一起,更加谦虚谨慎,奋发图强,默默地创造着新的业绩。

苏纶厂的劳模、先进,是苏纶厂的优秀代表,他们不仅为苏纶厂赢得了莫大的荣誉,也为我国的纺织工业做出了突出的贡献。

"三尺车弄"的情怀

熟悉纺织企业的人都知道,最能刻画纺织女工劳动场面的就是那"三尺车弄"。

在纺织厂里,无论是纺纱车间还是织布车间,在排列的机台与机台之间,会有一条约莫三尺来宽的让女工巡回操作的通道,被称为"三尺车弄"。

女工们穿戴着白色的围单软帽,像轻盈的天使,在"三尺车弄"里巡回忙碌着。她们俯首,弯腰,手抚布面,目光炯炯,脚步匆匆。

她们的工作紧张而有序。她们的劳动强度非常人所知。

一个布机挡车工要看一二十台车,上一个班打巡回走的路,足有十几公里,有人比喻可以从苏州城里到木渎打个来回。所以没有足够的脚力,是绝对无法胜任这份职业的。

20世纪七八十年代,有些机关干部下基层到苏纶厂劳动锻炼,只是安排到劳动强度相对轻一些的筒摇车间。一部筒摇车上有30个纡管,待纡满后再换上空纡,只因车速太快,人必须不停地从车头跑到车尾,快速地拔纡换纡。一天下来,跟班的机关干部大多腰酸背痛,双脚都肿了起来,直呼"吃不消",于是体验到了纺织女工的劳动艰辛。

如果在"三尺车弄"蹲过一段时间,你会发现纺织女工与其他工厂企业的女工有着许多明显的耐人寻味的不同特点。

你会发现,纺织厂里所有的女工留的都是短发,绝对看不到留辫子或披肩长发的。这是因为涉及安全,辫子与长发很容易在操作时被卷进机器造成人体伤害,甚至危及生命。所以纺织厂是绝对禁止留长发的。

有些年轻姑娘在进厂前还留着辫子,但进厂就只得忍痛剪掉,再舍不得也不行。社会上流行长波浪、披肩长发,对纺织女工来说,虽有羡慕之心,但不稀罕,这是职业使然。

即便是一式的短发,她们也会做起各式各样的发型,什么童花式、游泳式、蘑菇式、爆炸式,依然可以把自己打扮得漂漂亮亮,展示出她们的俏丽和爱美天性。

你会发现,由于工作环境所致,女工说话不是"朱唇笑里轻轻语",而是大嗓门。车间里机声隆隆,分贝很高,与人说话,声音低了,对方根本听不清,所以天长日久,车间里的女工说话就养成了大嗓门的习惯。还有车间里的值班长、小组长等最基层干部,个个都是"女汉子"。她们说话干脆,办事泼辣,丁是丁卯是卯,没有一点拖泥带水的"娘娘腔"。有些保养工在当班时偷懒,偷偷躲到男厕所去吹牛,机器出了故障找不到人修,值班长知道后,才不顾男厕所什么的,冲进去找人,吓得保养工们如鸟散状,老老实实去修车了。

"三尺车弄",是纺织女工的劳动岗位。它不仅承载了纺织女工无数的经历与感情,也是苏纶厂的人脉所在。在那里,曾演绎过太多深深浅浅、浓浓淡淡的故事,让人难忘与回味。

温暖如春的纺织车间,女工都穿得单薄,衬衣单裤,围单软帽,一年四季基本就是这样着装。围单的前面,都有个贴袋,上面印有红色的厂名,呈半圆的弧形。贴袋里会放上一些小工具,比如织布工放的是一根扯纱线的叫"穿扣娘"的钩针,一把U型的小剪刀,用来剪断纱和线,而细纱工放的是做皮辊小清洁时挑花絮的花衣棒。

女工挡车时不能戴手表,就把手表串带在围单的吊带上,要看时间,头低一下。她们看时间,要算准吃饭的辰光,上厕所间的辰光,孩子哺乳的辰光……如果别人要看她的表呢,脸就朝向女人的前胸口凑过去。男人在车间里跟女工搭讪,问一下时间,去看那表,面孔稍许凑近一下女人的胸前,闻一下女人的气息。不老实的男工,看表的时候趁机瞄一下女人的胸脯。对付这些"吃豆腐"的男工,女工自有办法,最常用的办法就是扭拧男人的臂膊,扭出乌青块。男工回家后,被细心的老婆发现身上的乌青块,少不了一顿臭骂,女工想到这些,便暗自很开心。

"三尺车弄",是纺织女工一生的劳动岗位,从进厂一开始,她们的命运就与"三尺车弄"紧紧地维系在一起。尽管有的女工因调动工作或其他原因走出了"三尺车弄",但大多的女工在车弄里从年轻一直走到退休。她们把青春年华和自己的一生,都融入到了"三尺车弄"里,这就是她们的平凡人生。

总让人回味不尽的是,那时候一个女工每月的工资大多是30来元,但敬业精神一点也不差。仅仅是一个"百日竞赛",几乎所有的女工都会精神抖擞地投入到争先创优的活动中去,让自己创造出最优秀的成绩,而最后的奖金也只是"一元钱"。还有班与班之间,为了让自己班的产量超过别的班,经常利用"开冷车"的机会,偷偷爬窗进车间,提前一个多小时开车。那时候的纺织工人就是这样积极上进。

如今苏纶已逝,但故事还在,还留存在许许多多苏纶人的心里。时光洗尽铅华,在熙熙攘攘的人流中,我们甚至已经忘却了她们一花一叶的容姿,但在一个写意的具象中,总会与温存的记忆相对。

"三尺车弄"作为纺织厂的一个缩影,许多的往日旧事,足以成为那些女工难忘的记忆,成为唤回姐妹情的理由。

悠悠不了情

人民桥南堍的苏纶场,经过几年的施工,新盖起了一幢幢高楼大厦,让人感慨的是它的建筑式样,似乎是承袭了苏纶厂老底子有些房屋的样子,显现了民国建筑的一些味道。

不过这些建筑,大多是在2004年苏纶厂破产后,由拍得地块的"嘉实集团"陆续兴建的。只过去了10年多时间,在原来苏纶厂的旧址上,已经形成了一个偌大的谓为"苏纶场"的建筑群。而真正的原来苏纶厂的老房子并没有多少,如今遗存的物料间仓库、小洋楼,算得上是民国建筑,还有几幢女工宿舍、工人俱乐部,是在20世纪五六十年代建造的,现在用作大卖场"家乐福"超市的地块,原先是一个织布车间,是20世纪八九十年代时建造的。

除此以外,有着苏纶明显印记的许多厂房,如一纺车间、二纺车间、三纺车间,还有职工医院、托儿所等的建筑,在大功率的吊车、推土机的铁臂下,顷刻化为乌有。

似乎是一夜之间，苏纶厂成了一片废墟，变得了无痕迹，后来又成了建筑工地，让人感觉似乎经历了一场沧海桑田的嬗变。

在"苏纶场"开工的日子里，住在附近或者不住在附近的有些苏纶人，尤其是有些老工人，他们怀着对苏纶厂的一草一木难以割断的感情，会情不自禁地来到运河边，隔着围栏，张望着留存在心中的苏纶厂，或者站在人民桥上，眺望日夜灯火通明的施工现场。他们相信，也许不会太久，在原来苏纶的厂地上，将会呈现一幅崭新的景象。但不管怎么说，一个百年大厂说没有就没有了，他们的心情不免会有些沮丧。

张开心灵飞翔的翅膀，作一次穿越苏纶百年的行走。

来到"家乐福"超市北面濒临的运河边，如今的岸边饰以绿树花草假山，远处的瑞光塔、吴门桥倒映在清碧的河水中，场景显得甚是秀丽和闲适。20世纪五六十年代时，这里可不是这样的。如今宽敞的盘门路，那时还叫"二马路"。在马路靠河边的一带，有些苏纶工人就在那里私自盖起了一间间的房子，住了几十户人家。他们从家里到厂里上班，也就隔了一条马路。那个时候，还没有"违章建筑"一说。苏纶厂的许多工人，在苏纶厂的周围，私自搭建"住宅小区"，有的规模并不小，后来都成了实际的居住户。

给苏州人印象颇深的是，当你一走到苏纶厂的不远处，就能听到从车间里传出来的上千台织机发出的"嘭嘭嘭"声响，整天响个不停，到了夜深人静的时候，"分贝"会显得更高一些。当时住在厂对面的人家，他们似乎已经习惯了这种有节奏的声响，休息与睡眠丝毫不受影响。

后来盘门路改造，他们搬迁到其他地方去了。他们再也听不到那种机杼声了，反而显得有些惆怅和空寂，感觉生活中似乎失掉了些什么。失掉了些什么呢？他们也说不清楚。

沿着运河向西走不远，这里应该就是苏纶厂的码头。那时候，码头上总是一派繁忙的景象，许多满载货物的船只停泊在那里，等待着装卸。很久以前，仓库工人都是推着"老虎车"将货物运进送出。从码头到仓库有上百米的距离，搬运工人甚是辛苦。后来大约在新中国成立前的几年，厂里修建了一条铁轨，从仓库一直延伸到码头前，一辆电动平板车装了货在上面开来开去，不仅降低了工人的劳动强度，而且提高了运送效率。

苏纶厂倒闭后，这条百来米的铁轨就被闲置了。曾经洗尽了铅华、被岁月磨砺得锃光发亮的铁轨,后来被起出后,像两条僵死的蚯蚓,被丢弃在杂乱的工地上,之后就不见了踪影,如被一阵风吹散一般。

就是这样的一条铁轨,对于苏纶人来说,它不只运载着苏纶的货物,也运载着苏纶人的希望和憧憬,它是苏纶遗存的实物,有着珍藏的意义。如今,这条百米长的铁轨早已不复存在,可惜了。

如今,"苏纶场"已具雏形,许多新建筑拔地而起。有些苏纶人时常会来这里走走看看。看什么呢?无非是对以前苏纶厂的辨认,追寻一些过去的记忆。那些曾经的车间,如今没有了踪影,但那些曾经在"三尺车弄"里匆忙跑巡回的女工的身影,连同她们的欢声笑语,却仿佛没有消失,如电影一样在苏纶人脑海里回放。

想起那时在苏纶厂上三班的女工,她们也是自豪的。上夜班和早班的女工,总觉得每天清晨的太阳是为她们而升起,觉得金色的阳光是多么明媚。上中班的女工,即使是刮风下雨天,也总有一盏亲人点燃的灯,照亮着她们回家的路。

关于苏纶的记忆太多,不论是单独的,还是重叠的,都是一种对苏纶的不了情。正如一位"老苏纶"所言,他们对于苏纶的情感,如同一枚洁白的茧子,只要抽出一缕,就抽不完,理不断;又如一只小船,渐渐地就划到了情澜的深处。

苏纶厂名知多少

一般说来,一个企业在建立以后,确定的厂名很少改。可是苏纶厂不是这样,在过往的百年之间,由于种种原因,厂名频繁地更迭。

它究竟用过多少名称,不要说苏州人不甚清楚,就是曾经长期在苏纶厂工作生活过的老苏纶,也未必能一二三四地说清楚。

自从"苏纶纱厂"建成后,"苏纶"两字就闻名遐迩。尽管陆润庠之后,苏纶厂几经转租,但"苏纶"仍被沿用,只是在前面加上了名号而已。如1912年8月,由上海商人许松春等租办,加号"源记"。1917年3月至1925年,由"宝通公司"刘伯森租办,加号"宝通"。1925年,由上海商人严裕棠、吴昆生等租办,加号"洽记"。1927年秋,严裕棠独自买进苏纶厂后,成立"光裕公司",苏纶纱厂更名为"光裕营业公司苏纶纺织厂"。

1937年,光裕公司改组,成立"苏纶纺织印染股份有限公司"。1947年,经济部核发工厂登记证时,改称"苏纶纺织染厂",一直沿袭至1954年实行公私合营前。

新中国成立后,苏纶厂也经历了多次的易名。1954年9月26日,经苏州市人民政府批准,实行公私合营,厂名改为"公私合营苏纶纺织厂"。1955年2月,苏州纱厂迁并苏纶,之后源康纱厂又并入,由苏州市委批准,苏纶厂更名为"苏纶纺织染厂"。"文革"初,在高喊"人民万岁"口号的特殊年代,苏纶厂也"人民"了一回,于1966年10月改名为"地方国营苏州人民纺织厂"。尽管这个厂名存续了12年,到了1978年10月,终究又恢复为"苏纶纺织厂"。时隔3年后的1980年10月,又改名为"苏纶棉纺织总厂"。到1982年5月12日,又恢复原名"苏纶纺织厂",从此笑傲江湖到最后。

正如一位哲人所说,许多事情从起点出发,转了一大圈,结果仍回到了原来的起点。苏纶厂的十数次更名,似乎就是这样兜了一个圈子。

显然,在苏纶的每一次更名背后,应该都有一个耐人寻味的故事。

但可以看出,不管它怎样更改,它都没有失却它的内核和基因,那就是它的主业——纺纱与织布。

苏纶还是那个苏纶。

苏纶厂的存在与它创造的业绩,在苏州的历史上产生过深远的影响。

苏纶厂的名声,在苏州人的记忆中是根深蒂固的。

尽管它的厂名改来改去,但在人们的印象中,还是称呼它为"苏纶纱厂",或者干脆简称为"苏纶厂"。

在翻看旧时苏纶的一些文档和照片时,时不时能见严氏执掌苏纶时,在厂门上和公文、信笺上的台头上出现的厂名,发现均是端庄的楷体,不知出于何人之手?虽为楷体,却十分圆润、灵动。

新中国成立后,苏纶厂的厂牌一直采用的是仿宋体。1987后,曾先后约请苏州著名书法家费新我、张辛稼题写。

附录一 严氏三记

严裕棠的最后时光

严裕棠是在1948年出走海外的。

他想起了出走时的情景,使他决意出走的,是一种无奈和困惑。

新中国成立前夕,国家正处在一个时局急剧动荡、市场物价飞涨、内战硝烟四起、工潮风起云涌的嬗变时期。严裕棠越来越感到,在风雨飘摇中,不只是苏纶厂难以支撑下去,就是严氏其他产业也面临着威胁。

出于资本家的职业敏感,严裕棠开始谋划严氏的出路。

他已经悄悄授意他的三儿子严庆祺从苏纶厂抽出一部分资金,去香港开办恰生纱厂,先占个落脚处再说。他与四儿子严庆龄已商议许久,运走苏纶厂一部分机器设备,去台湾另行办厂,以保持严氏产业。

他觉得迟早要走这一步。

不久,一条新闻映入严裕棠的眼帘:从明天起改革币制,发行金圆券。严裕棠深知,这是国民政府财政衰败的前兆,更感到有大厦将倾的惶恐不安。他站在自家的阳台上,望着天际的夕阳余晖,心中感到无比的困惑。

这时,中国的大地上正在展开一场光明与黑暗的激战。共产党率领的人民解放军以摧枯拉朽之势,席卷整个中国,共产党坐天下的胜券在握。

严裕棠油然生出一种莫名的惆怅,隐隐地觉得他是该下决心出走了。

就在这一年的一个春日,严裕棠登上了一艘海轮,告别了上海滩,去了香港后转道台湾。在台湾稍作停留后,他飞往远隔太平洋的巴西侨居。在那里,他一住就住了10年。

1958 年,时年已经 78 岁的严裕棠感到身体欠佳。他接受了在台湾的小儿子严庆龄劝他到台湾休养的建议。9 月 23 日,夫妇俩从巴西乘飞机飞到台北。

也许是长途飞行的劳顿,严裕棠到了台湾就感到身体有些不适。不过,让他感到欣慰的是,他毕竟来到了台岛,与故乡上海近了,只隔了一个海峡的距离。想到这里,他的眼睛湿润了,他的心情如同海峡间的波涛,在起伏翻滚着。

严裕棠侨居海外时,让他魂牵梦萦的就是他生于斯长于斯的故乡上海,他希望有朝一日能叶落归根,回到故乡的怀抱。

尽管严裕棠已在巴西定居 10 年,获得巴西国籍,但他从来没有忘记自己是个中国人,他的生活起居,依然还是按照中国人的传统方式。

在异国他乡,他无时无刻不思念着祖国和家乡,一点一滴的乡情沉淀,让他有着一种挥之不去的伤感。

纵然是太平洋的波涛和去国离乡的云烟,也无法淡泊他的思乡之情。

他想起过往的岁月,自己曾在上海叱咤风云、挥斥方遒的流金岁月;想起在苏州古运河边执掌苏纶的黄金时代……种种往事,早已烟消云散,随风飘去,无法追随。

何人不起故园情,只是乡思年复一年。每当他想起黄浦江"潮落夜江斜月里",或是"海上明月共潮生"时,就会觉得自己仿佛踏过浩渺的万里波涛,乘着时间的风烟,回到了黄浦江畔的这座城市,他的灵魂常常会在那里的一条条寻常的街巷中,在皎洁的月影下徘徊再徘徊。

他想不到自己在迟暮之年,会生活在遥远的他国。乡愁便成了他晚年的煎熬,且这种煎熬老而弥痛,历久愈发强烈。岁月的一番番风,世事的一番番雨,在他的心上刻上了累累伤痕,让他白天痛苦在一种幻觉中,梦中又清醒在另一种痛苦里。

正是这种乡愁,使他的晚年获得了莫大的慰藉和支撑。

世事难料。

严裕棠到了台湾之后,不几日就病倒了。之后,病情每况愈下,便卧床不起了。想不到,严裕棠在台北只度过了短短 25 天的时光,于 10 月 18 日因心脏病在台北去世,终年 78 岁。

临终前的严裕棠一直处于昏迷状态。这天黄昏,严裕棠突然回光返照,有了一些气力,看着围在病床前的家人,像要说些什么,又嗫嚅着说不出话来。只见他伸出一只无力的手,朝大陆的方向指了指。家人连忙把耳朵贴近过去,隐隐约约能听清严裕棠最后的话:"我累了,回不去了……"然后,那手便如一片飘零的枯叶落了下来。

两岸相隔,严庆祥闻讯,只得伏地哀号。他拿出父亲的照片看了又看,悲痛欲绝。他认为这在当时是遥祭父亲的,唯一方式。

严庆祥退休之后

严庆祥没有选择移居海外,而是一直坚守在大陆。

1957年秋,是年59岁的严庆祥心脏病发作。家人和亲友曾劝他去我国台湾、香港或美国治疗,但他坚持要留在上海医院医治。

这一年,他决定提前退休。待身体康复后,为了充实自己的生活空间而不虚度光阴,因为自小就爱好绘画书法,他就把晚年时光投入到了学习书画上。(见图25)

凭借他的社会影响,他很快结识了一批著名的书画家。为了提高书画技法,他经常出入于刘海粟、王个簃、朱屺瞻、唐云等艺术大师及名家府上虚心求教。

图25　晚年时的严庆祥

严庆祥居住在上海愚园路上的一幢私家花园别墅里。别墅建于1920年,面积有1500余平方米,一律西洋装饰,坡屋顶、红平瓦、壁炉烟囱、鹅卵石墙,简洁而不失典雅。自从严庆祥退休后,别墅成为他与老友、艺术家吟诗作画、题名对联、说古道今的聚会场所,常常是"座上客长满,杯中酒不空",十分的欢愉。苏局仙等一些著名书法大师,也是他的座上客。

严庆祥在习字绘画之外,还是一个耐得住寂寞的人。退休后,他觉得自己应该在暮年写点东西留在人间。

严庆祥在挥毫之余,悉心从事书法研究。他认为六体首推楷书,它是其他五体的基础,然而一般研究练习者甚少,并苦于缺乏范本,于是他萌发了要编一本楷书字典的念头。严庆祥反复研究收集的大量名碑佳帖，从1125种碑帖中，选出3097个字，编成《中国楷书大字典》，由江苏古籍出版社出版。全书1320页，厚7厘米余，重4千克，成为国内第一本规模宏大的书法辞典。成书过程经历了6个春秋，他当时已年逾80，如果没有酷爱书法艺术的精神支柱，是很难完成这本皇皇巨著的。字典出版后，他不取一分稿费，全部分给参与编纂的工作人员。

在著书立说上，严庆祥的另一个成就是悉心研究孔子学识。他先后撰写了《孔子与现代政治》《其命维新——孔子学识与现代思想》两本专著，由他的次子严道在台北付梓。两书出版后，受到海峡两岸"孔学"专家学者的关注，严庆祥因此声名远播。

严庆祥在书画方面也卓有成效。一生中，他作了不少的画，写了不少书法作品，功力确实不低，其中有不少作品受到大师的点赞而题款。1988年，台湾举办了他的书画展览，并出版了画册。（见图26、图27）

图26　严庆祥画竹，刘海粟题字

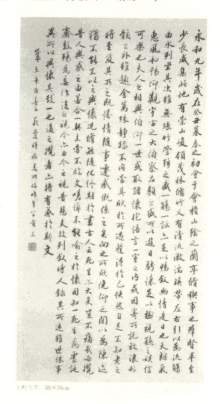

图27　严庆祥的书法作品

严庆祥晚年时,自号"师竹翁"。"未出土时先有节,及到凌空仍虚心",乃是竹子的品格。他特别喜欢这种品格,所以以此取号,表明自己要做一个像竹子一样"有节""虚心"的老叟。在晚年,他不止一次地说过:"本人乃是普普通通的小人物,打铁匠出身,我仅仅是人生舞台上的一个演员,有时是正面人物,有时也演反面人物,平平凡凡,没有甚么突出的成绩。"

严庆祥一生热忱关心和支持社会公益事业,乐善好施。他经常慷慨解囊,捐款无数,有的以他自己的名义,有的以他母亲和夫人的名义,有的单独以他夫人的名义。他父亲在世时,都是以他父亲的名义为之,如"裕棠桥""光裕里""光裕小学""裕棠厅""裕斋"等。

严庆祥非常关心祖国统一大业,每年去香港或美国,都会向旅居海外的亲朋好友宣传党的政策和祖国的建设成就,期望他们回大陆观光投资。

每一次做了公益,严庆祥都会感到无比欣慰。

其中有一件事,使他终生难忘。

1932年1月28日,淞沪战役爆发。日本侵略军进攻上海,蔡廷锴将军等率领的国民党第十九路军,在上海人民爱国精神的影响下,对日本侵略军进行英勇抵抗,历时一个多月,屡歼顽敌,捷报频传,举国感奋。

严庆祥闻讯,即赶到红十字医院慰问伤病员,并以父亲的名义,向抗战将士送去大量慰问品,并捐款1万元。为此,十九路军总指挥蒋光鼐、军长蔡廷锴,向严庆祥颁发了谢状,感谢他对抗日军队的支持。此谢状,成了严庆祥一生中最珍贵的收藏。(见图28)

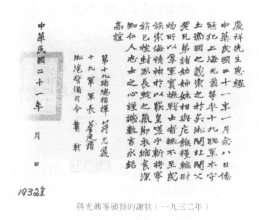

图28 蒋光鼐等颁发的谢状

1987年9月,时年89岁高龄的严庆祥在亲属的陪同下,兴致勃勃地来到苏州,参加苏纶纱厂建厂90周年的庆祝活动。他来到厂里,不胜感慨。相隔了这么多年,又见到了他过去的创业之地,心情十分激动。(见图29、图30)

图29　在苏纶纱厂庆祝建厂90周年活动上,陈晖与严庆祥亲切相见　　图30　1987年严庆祥参加苏纶纱厂建厂90周年活动

由于年事已高,体力不济,严庆祥只参观了一个纺纱车间。他原本想去全厂看看,在家属的劝阻下,就没有走下去。

退休之后的严庆祥,一直行走在舞文弄墨和公益慈善之间,不亦快哉。

1988年5月,他突然身体欠佳,住进上海华山医院,20多天之后,因医治无效,溘然长逝,终年90岁。

严庆龄在台湾创业

早在严裕棠告别上海滩之前的1948年初,他的六儿子严庆龄已经在父亲的安排下,携夫人吴舜文悄然踏上台湾岛。

当时的台湾岛经济落后,市井萧条,尤其是日本人在占领期间对资源的疯狂掠夺,使这座美丽的宝岛满目疮痍。

为了振兴贫乏的台湾工业,严庆龄与夫人远渡重洋去美国底特律学习现代企业管理,1952年6月返台,开始了他们的创业之路。

严庆龄曾是德国机械工程博士,去台湾后很想在汽车制造业里有所作为。20世纪50年代初,台湾的汽车业几乎是一片空白。

空白,就是机遇。

严庆龄决意在台北筹建裕隆汽车制造厂,根基就是严裕棠的大隆机器厂。

当时台湾的人均年收入才 300 元新台币,哪有钱买汽车? 街道上行驶的汽车屈指可数,当局每年只核发 50 辆牌照。如此低下的汽车消费能力,无怪乎在"裕隆"建厂之初,很多人都认为这是"一个愚拙的举动"。

而吴舜文则协助丈夫在筹建纺织厂,有一半的机器设备是从苏纶纱厂运过去的。纺织厂选址在台北市新竹乡。这里虽然是穷乡僻壤,但地价低,且与城区有数条大道相接,交通便捷。吴舜文以 2 万枚纱锭、200 台从大陆拆卸过来的旧布机为基础,筹建了台湾岛上第一大纺织厂。厂名"台元"还是她起的呢,意思是一元起始,台湾第一。

"台元"开业后一炮打响。不仅产量高居全台纺织业榜首,且成本低,销路广,迅速走进了美、日、欧以及我国香港市场。1962 年,"台元"获得台湾棉纺品质量第一名金像章。从 1969 年起,因其出口率高达 99% 以上,连续 15 年获得台湾外销绩优奖。

此后,"台元"不断发展扩大,至 1986 年,已拥有 21 万枚纱锭、2000 多台织机,员工 6800 人,资本总额高达 80 多亿元,还先后成立了台文针织公司、联达实业公司、台兴纺织制线公司、牛仔布厂等子公司,吴舜文成为近代台湾工商界最具传奇色彩的女性企业家。

吴舜文 1913 年 12 月 1 日出生于江苏武进县一个纺织世家,其父吴镜渊不仅是纺织业的实业家,而且是中华书局的创业老板。严、吴两家都是 20 世纪 30 年代上海的纺织巨头,彼此过往甚密。吴舜文在家排行第五,1931 年与严庆龄缔结连理。

吴舜文笃信丈夫的决策有远见卓识的前瞻性,也有足够的实力支持丈夫在汽车制造业上创业。

经过两年的研发,"裕隆"于 1956 年制造出第一辆吉普车,次年与美国威力斯公司合作,开始批量生产。之后,又生产过"青鸟牌"小轿车和摩托车,到 1965 年累计生产 1 万多辆汽车。但由于生产多年没有达到保本的生产量,致使企业亏损累累。

吴舜文一以贯之鼎力相助,以自己的纺织企业作担保向银行贷款,支持丈夫的事业。

1976 年,裕隆公司年产量 1.6 万辆,雄踞台湾 5 家汽车制造商之首。

1981年,产量高达5.74万辆,销售额从原来的3亿新台币,猛增到100多亿新台币。

美国最大的新闻周刊《时代》称严庆龄是"台湾的福特",是台湾最大的汽车制造商。

正当"裕隆"事业蒸蒸日上,严庆龄意气风发时,他不慎跌了一跤,伤及脑部,需长期卧床。吴舜文以常务董事长兼副总理的身份,接下裕隆集团的经营大权。1981年3月21日,严庆龄因脑神经萎缩辞世。

吴舜文悲痛欲绝,但这位纺织女王没有倒下,而是接过丈夫那一摊子经营事务,把严氏的事业继承下去。吴舜文强忍丧夫之痛,戴着黑纱坐上丈夫生前坐过的"裕隆"董事长的位子。这时,吴舜文已经68岁。

不少商业巨头想高价收购"裕隆",但吴舜文一口谢绝:"这是我丈夫辛苦创办的事业,我是决不会卖掉的!"

之后,"裕隆"不但没垮,反而研发出"飞羚"等多款车型。1983年,裕隆汽车公司的营业收入达到162亿新台币,名列台湾地区民营企业的第四位,每月可产1.5万辆速利轿车与旅行车,占台产汽车市场总量的42%。

吴舜文对事业执著追求,在风雨坎坷中一路走来。

她做到92岁才退休,把接力棒交到独子严凯泰手里。

2008年,台湾"海基会"前任董事、94岁高龄的吴舜文因心力衰竭与世长辞。

吴舜文生前曾获哥伦比亚大学"杰出校友"、美国中国工程师学会"杰出贡献奖"、台湾"十大杰出企业家"等殊荣。

严氏产业在台湾得到了延续。

附录二　陆文夫与苏纶厂

陆文夫说:"(在苏纶厂的)这些生活激起我对创作小说的热情,我的第一篇小说《荣誉》以及其余的描写工人生活的小说,有许多都是以苏纶纱厂的生活体验作为基础的,如《小巷深处》《唐巧娣翻身》等。"

与苏纶的不解之缘

在陆文夫的人生经历中,有过几次坎坷。除了曾举家去苏北射阳农村插队落户外,陆文夫还先后被下放到苏州机床厂和苏纶纱厂。在下放的两爿厂中,他在苏纶厂的时间,远比在苏州机床厂要长得多。陆在《我与苏纶厂》一文中说:"我在苏纶纱厂正式当工人当了五年,1969年冬又把我下放到苏北去。"可见,陆在苏纶厂足足待了5年之久。

此外,当时陆文夫由于工作关系,经常去苏纶厂。苏州解放初期,陆文夫在《新苏州报》当记者,负责工业方面的报道。而苏纶厂是苏州有名的大企业,生产和利润在市里占有大份额,自然是报纸报道的重点。因此,陆文夫三日两头骑着辆破自行车往苏纶厂跑。那时采访讲究深入,一直要深入到车间、小组,参加工人的小组讨论。公私合营时,陆文夫还随当时公方厂长陈晖去厂里蹲了一段时间,了解工人生活。

1963年底至1964年,那时陆文夫在江苏省文联当专业作家。他曾想写一部以苏纶纱厂为背景的长篇小说,便搬到苏纶纱厂去住。白天和工人一起劳动,晚上住在"三十间"的楼上,大约住了三个多月。后来因为"运动"又来了,他被召回南京接受批判,中止了他在苏纶厂的体验生活。

1965年,陆第二次被赶出文艺界,回到苏州后又被安排进了苏纶厂。

这样说来,陆文夫在苏纶厂几进几出,长的有5年之久,短的有二三个月,还不包括他平时去苏纶厂走走的时间。作为一个作家,竟然有这么多的时间生活在苏纶厂,足见苏纶厂在陆文夫的人生经历中有着不寻常的意义。(见图31)

图31　陆文夫照片

陆文夫自己也说,他"对苏纶厂是很有点缘分"的。

不幸的生活经历,对于陆文夫来说也是一笔不可多得的精神财富。陆文夫在苏纶厂两次自觉地体验生活,一次被动地当工人,特别是后一次,面对由作家变为工人的强烈落差,陆文夫没有低沉和沮丧,总是以乐观主义精神直面人生、笑对未来。陆文夫在苏纶厂的日子里,不仅磨砺了他的人生意志,而且激发了他的创作热情,让他获得了许多创作素材。尤其让他难忘的是,他在苏纶纱厂与工人群众建立起的那种深厚感情,成为他以后长久回味和津津乐道的一个不衰的话题。从这一点上说,陆文夫有点感恩苏纶厂了。他曾说,从他的第一篇小说《荣誉》开始,以及后来描写工人生活的小说,有许多都是以苏纶纱厂的生活体验作为基础的,如《小巷深处》《唐巧娣翻身》等。应该说,苏纶厂给了他很多的创作素材,激起了他一次次的创作热情。(见图32)

图32　陆文夫文集

写苏纶的两篇散文

陆文夫有两篇散文是直接写苏纶纱厂的,分别是《我与苏纶厂》和《百年苏纶》。

在《我与苏纶厂》中,他写了自己是如何去的苏纶厂,以及他在5年的工厂生活中与工人建立起来的情谊。因为他在厂里的人际关系很好,"文革"刚开始时,厂里要成立"红卫兵",许多工人都选他一票,认为他可以当"红卫兵",后来被领导否决了。

他在《我与苏纶厂》中写道:"'文化大革命'开始以后,我也成了牛鬼蛇神,但我犯下的'罪行'是在文艺界,和苏纶纱厂没有关系,厂里的造反派根本不想斗我,但是不做做样子又交代不过去,也得叫我去挂牌子、'坐飞机',上下班都得请罪。即使如此我也受到优待,厂长沈文渔挂的牌子是薄铁板上穿铅丝,颈项里都勒出血印子。我挂的牌子是用硬板子做的,老阿姨们还特地用棉纱搓了一根粗绳,挂在颈项里软绵绵的,挺舒服的。"

1969年冬,陆文夫又被下放到苏北农村。他写道:"走之前,长日班的朋友到我家来帮着打包,丙班的女工还凑了点份子,给我送来了面盆、毛巾、手套,一个一个都是眼泪汪汪的。最使我终生难忘的,是那一天厂里开欢送下放人员的大会,这时候我已经算是解放了,胸前挂上红花了,人们也敢于公开表示对我的感情了,所以当我进入会场走上台时,一千多人的会场里大概有好几百人从座位上站起来,挥手送别。我这个人不大流露感情,这时候也忍不住流泪。"这段他与苏纶厂工人情谊深厚的记述,成了他难忘的记忆。

《百年苏纶》是陆文夫在1987年7月,应约为苏纶纱厂庆祝90周年华诞而写的。在此文中,陆文夫以深切的体味和作家的独特视角,写出了苏纶的许多精彩之处。如,他高屋建瓴地评价苏纶厂,说:"苏州是个历史文化名城、风景旅游城市,人们往往只注意她的园林,而忽略了她的工业,其实,她有一家大而古老的纱厂已经在盘门外面的运河边开办了九十年。"又写道:"说不清有多少人曾经在苏纶纱厂工作过,如果把所有在和曾经在苏纶纺织厂工作过的人及其亲属召集起来开个庆祝会,庆祝苏纶纺织厂建厂九十周年,那么,苏纶厂的节日也就是苏州人的节日。"苏纶厂有职工7500余人,加上退休工人有近万人。当时苏州市区有60余万人口,如果走在马路上似乎是平均百人中就有一个苏纶人,而厂里职工又分布在全城的大街小巷。所以厂里一有什么响动,岂不全城人都晓得?更不用说厂里有什么全厂性的活动了。这些,说明陆是一个观察十分细致的作家。

《我与苏纶厂》写于20世纪80年代。当时,苏纶厂有一张取名《苏纶报》的企业报。为了在副刊版上开设一个"我与苏纶"栏目,就约请一些曾经与苏纶厂有过接触的社会名流和著名人士撰写一些文章,名单列出了几十个,但第一篇的"开卷之作"由谁来写呢?经过考虑认为请陆文夫写最为合适。之后,笔者便去了带城桥弄的陆文夫住处,把来意说明后,陆一口答应下来。不巧的是,他次日要去南京作协参加一个会议,要十来天。笔者以为这篇约稿可能要推迟一些时间,不料时隔一天,就收到了他发自南京的一封信件,信中不仅有这篇约稿,还附有一张信笺,上写:"你要我写的稿子,寄上。这稿子是我在火车上写的,车到南京稿子也写好了。如有不当之处,请斧正。"稿子写得十分精彩,不愧是大手笔。信件让我非常感动。一个著名的大作家,竟是这般的谦虚,办事这般的认真,可见陆文夫的坦荡和赤诚为人。

陆文夫的《我与苏纶厂》,虽然写的是苏纶厂,但其中涉及的不少内容和细节,对于研究陆文夫的文学创作和生活经历,也有着一定的参考价值。

出了名的"陆师傅"

陆文夫在生前,有不少别人送给他的雅号。这些雅号折射着他的人生经历和走过的文学道路。

有时,陆文夫走在街上,冷不防会有人叫他一声"陆师傅"。在旁的外地客人会有些诧异:大名鼎鼎的作家怎么会有这么一个称呼?其实,对于这一称呼,他自己一点也不奇怪。因为"陆师傅",是他在苏纶纺纱厂劳动时被工人们叫出来的。

陆文夫半生坎坷,曾下放工厂劳动,举家迁徙去苏北插队落户,几经磨难。1964年,他第二次被赶出作家队伍后,复又回到苏州。为了体现给出路的政策,他被安排进了苏纶厂当机修工,这一待就是5年。他先在一纺车间的任景海队长的平车队当杂工,整天拆车头、捣滚筒、穿绽带。他干得十分卖力,做事从不马虎,而且许多修车技术一学就会。不到半年,他就提升当上了平车队二号(副队长)。当了副队长,他也不摆架子,只要有女工叫他修车,他总是随叫随到。因为他修车修得好,许多女工都喜欢叫他修车。所以修车时,女工总是陆师傅长陆师傅短地叫他。后来,车间里要搞技术革新,制造自动落纱机,领导上就把他调到技术革新组。落纱机的转盘上有一把把的剪刀很难磨,他却能磨得又快又经用。磨刀磨出了名,许多女工就拿了家用的剪刀让他磨。女工让他磨的剪刀,在上班时是不能磨的,所以,他每天下班时带一小袋剪刀回去,第二天上班时再带上磨好的剪刀。

到后来,陆文夫早已离开了苏纶厂,许多女工还惦记着:"陆师傅磨的剪刀可好使哩。"

有一次,厂里一位老工人曾告诉笔者,在清理一些废旧资料时,曾见到一本陆文夫当年在厂里时的"工具卡",上面有他借领的一些工具的记录。一次偶然的机会,笔者把这事告诉了朱红,朱红又告诉了陆,陆很想见到这本"工具卡"。后来,笔者再去找这位老工人时,他说这些废旧资料早在半年前就处理掉了。陆虽然没有重见这本"工具卡",但足见他对在苏纶厂生活过的这段时光是很在意的。

对陆文夫来说,"陆师傅"的称呼,是值得他欣慰的。

在20世纪60年代时,陆文夫就曾设想写一部以苏纶纱厂为背景的长篇小说,笔者作为曾经的苏纶中人,一直期待着能读到他的这部作品。他的《有人敲门》《人之窝》出版之后,笔者揣度他会不会接着写他曾经在几十年前就想写的这部长篇小说。在他逝世前,有一次笔者去看望他时,顺便说起这件事,可他没有直接回答。

总觉得陆文夫走得早了一些,以他在苏纶厂的经历和体验,以及他的文学修养和创作才能,不仅能写出这部长篇小说,还可以写出更多佳作的。他一定是带着许多作品的腹稿走的。

陆文夫,生于1928年3月,江苏泰兴人。1948年毕业于苏州中学,同年赴苏北解放区参加革命。1955年开始走上文学创作之路,1956年发表短篇小说《小巷深处》一举成名,但很快被说有"问题"而下放农村、工厂劳动改造,直到1978年才重返苏州从事专业创作。后曾任苏州文联副主席、中国作家协会副主席等职。

在50年文学生涯中,陆文夫在小说、散文、文艺评论等方面都取得了卓越的成就。他以《献身》《小贩世家》《围墙》《清高》《美食家》等优秀作品和《小说门外谈》等文论集饮誉文坛,其中《美食家》是他最著名的代表作。陆文夫的小说常写市井街坊中的凡人小事,深蕴着时代和历史的内涵,清隽秀逸,含蓄幽深,淳朴自然,展现了浓郁的姑苏地方色彩。

2005年7月9日,陆文夫因病医治无效,在苏州逝世,享年77岁。

附录三 苏纶百年纪事(1895—2004年)

1895 年(清光绪二十一年)

农历七月至十二月,两江总督张之洞、江苏巡抚赵舒翘数次奏请移用中日战争期间的息借商款,委派在籍守孝的前国子监祭酒陆润庠在苏州设立商务总局,筹建纱厂、丝厂。

1896 年(清光绪二十二年)

春,光绪皇帝朱批准奏,陆润庠受命在苏州设立商务局,开办"苏经苏纶股份有限公司",筹建"苏纶纱厂""苏经丝厂"。

陆润庠请英国怡和纱厂经理凯福任总办帮助苏纶纱厂订购18200锭全套纺纱设备,并进行设计安装。

1897 年(清光绪二十三年)

农历七月初,苏纶纱厂建成开工,计有纱锭18200枚,年产棉纱约14000件,工人2200人。

农历七月初四,陆润庠邀请官员政要和商界人士莅厂阅视。

1898 年(清光绪二十四年)

春,陆润庠总经理进京供职,候选郎中祝承桂承租。

1900 年(清光绪二十六年)

因义和团起义,八国联军打进北京,政局动荡,苏纶厂生产受到影响,全年亏银2.5万两。

1902 年(清光绪二十八年)

祝承桂承租5年期间,共亏本31万余两银款。年末,祝承桂被看管3个月之久,议定所亏之款用现银、股票偿还外,其余由租商租款抵之。

1903 年(清光绪二十九年)

4月20日,苏州商务局招商,费承荫接办苏纶厂,订立5年租期。

1905 年(清光绪三十一年)

费承荫购置英国道勃生厂生产的 4368 枚全套纺纱设备,至翌年 4 月共有纱锭 22568 枚。

1908 年(清光绪三十四年)

租期届满,费承荫请退,农工意见书中照会老股东接手。7 月 25 日,老股东收回自办,暂定总经理周廷弼,改名为"商办苏经苏纶股份有限公司"。

1909 年(清宣统元年)

两厂股东在苏州商务总会选举,王同愈任总经理,王驾六任协理。半年过后,王同愈入京供职,张履谦任总经理,王驾六任协理。

1911 年(清宣统三年)

因辛亥革命,时局动乱,苏纶厂停工一年零七个月。

1912 年(民国元年)

8 月,上海商人许松春等租办苏纶,加号"源记"。

1914 年(民国三年)

冬,苏纶、苏经两厂当时租用的 109 余亩官地,由王驾六用 13000 余两银元购买。

1915 年(民国四年)

11 月 27 日,苏纶、苏经两厂总经理张履谦病故,由王同愈继任。

1917 年(民国六年)

3 月,"宝通公司"刘伯森租办苏纶厂,启用"宝通"牌号。

1922 年(民国十一年)

5 月,盛记公司垫款,将苏纶、苏经两厂管理权作抵押,盛记代表张一鹏接管两厂。

1925 年(民国十四年)

上海商人严裕棠、吴士槐合租苏纶纱厂,改名为"苏纶洽记纱厂"。互推吴昆生为厂长,吴士槐任工务总管。一年后,因意见不合,废除合租契约,由严裕棠独自租办,由其子严庆祥任经理。

1927 年(民国十六年)

12 月,严裕棠邀约李仲斌(严庆祥岳父)为股东,以最低价格 30.05 万银元(严氏占股为九,李氏占股为一)买下盛记公司的苏纶纱厂(包括苏经丝厂),建立光裕公司。

1928年(民国十七年)

苏纶纱厂更名为"光裕营业公司苏纶纺织厂",由严裕棠、严庆祥父子经营。

1929年(民国十八年)

3月,苏经丝厂停业,改为苏纶厂职工宿舍。

6月20日,商标局批准"天官牌"棉纱商标登记注册(注:商办前已用此商标)。

1930年(民国十九年)

年初,新建第二纺纱工场,添新锭2万余枚,此时全厂共有纱锭42568枚。之后新建布厂,有布机320台。

11月,苏纶厂生产的棉布参加工商部国货陈列馆棉织品展览会,获得优秀奖。商标局批准苏纶厂"神鹰牌"棉织品商标登记注册。

1931年(民国二十年)

苏纶纺织厂呈请注册,于10月2日实业部核准并颁给执照。

职工宿舍"三十间"已建成,"八十间"将次完工。

1933年(民国二十二年)

布厂翻建和扩大,新增线锭2900枚,布机达420台,至1935年纱锭达51816枚,线锭3600枚,布机1040台。

新建电厂一座,购买瑞士生产的2500千瓦汽轮电机一组,至1934年启用,全厂动力全部改用电力。

4月,严庆祥作为中国政府的资方代表出席日内瓦第17届国际劳工大会与捷克第16届世界棉业大会。

1935年(民国二十四年)

见习厂长严庆祺等赴日本考察,回国后,严庆祺任厂长兼经理。

1936年(民国二十五年)

在常熟、东台、盐城、靖江等地设立苏纶支店,收购原棉。

1937年(民国二十六年)

光裕营业公司改组,成立"苏纶纺织印染股份有限公司"。11月11日,日机轰炸苏州时,几颗炸弹落在厂内,工厂被迫停工。苏州沦陷后苏纶厂被日寇炮兵大队占领,工厂成为兵营和养马场。

1938 年（民国二十七年）

4月，日军撤出苏纶，日商内外棉株式会社以日军管理为名继续侵占，强迫工人开工生产，将苏纶厂改名为"日本内外棉株式会社苏纶工场"，原苏经丝厂旧址仍被日本陆海军第一炮艇队侵占。

1940 年（民国二十九年）

1月1日，纺部第一工场失火，厂房及25768枚全套纺纱机器和原材料全部付之一炬。

1941 年（民国三十年）

2月28日，严庆祥与日军胜田俊治签订解除军管理及移交证书，苏纶厂归还严氏经营。

1942 年（民国三十一年）

10月，日伪勾结，成立"棉纱统制会"，控制各棉纺厂的经营和原棉配给。苏纶厂因暗中收购原棉违反统制，被日本宪兵队查究，受罚金处理。

1943 年（民国三十二年）

因配棉不足，全年停工2个月之久。受同业公会委派，代中华日本贸易联合会生产棉纱300件。

1944 年（民国三十三年）

6月，受同业公会委派，代中华日本贸易联合会生产棉布14880匹。

1945 年（民国三十四年）

因燃煤缺乏，用电屡次遭受节制，至7月因原料无着而停工。10月，苏纶厂被国民政府经济部苏浙皖区特派员张兹闿、派驻江苏省办事处专员吴闻天等接管。

1946 年（民国三十五年）

4月19日，国民党政府敌伪产业审议委员会审查通过："苏纶因属民营事实，仍发回原主接受"，于当年6月15日正式发回严氏。

11月16日，经济部发给"苏纶纺织印染股份有限公司"执照。

1947 年（民国三十六年）

以"泰利实验工场"名义，在布机车间装置5184枚纺纱设备开工生产。在被焚毁的一纺旧址，重建一纺工场，于1948年建成，安置的3万枚全套纺纱设备，均为严氏的泰利机器厂制造。建立染部，购置22只染缸的全套设备，但一直未开工。

7月,经济部发给工厂登记证,厂名改为"苏纶纺织染厂"。

1948年(民国三十七年)

2月6日,苏纶厂总经理严庆祺当选为国民政府立法委员。

1949年

苏州解放前夕,严庆祺把苏纶厂定购的15000枚纱锭设备和厂内320台布机,以及大量纱布等转移到香港,开办怡生纱厂。

苏州市委书记兼市长惠浴宇和副书记林修德等,多次来厂宣传党的政策,帮助解决生产事宜。

5月初,苏州市军管会派工作队进厂,领导开展党群工作。张洪任工作队队长,8月由毛之衡接任。

5月上旬,解散苏纶工商自卫队,枪支弹药悉数上交,取消苏纶产业公会,成立工会筹备委员会。

10月,成立团支部,1950年成立团总支。

1950年

开办职工业余学校;成立劳资协商会;成立中国共产党苏纶支部;成立中国纺织工会苏纶委员会。在生产上,接受代纺、代织任务。

1951年

1月1日,废除"抄身制"。

实施《中华人民共和国劳动保险条例》。

抗美援朝时,苏纶厂共捐献45亿元(旧币)。

6月,因缺乏原棉停工45天。停工期间,国家发给职工75%工资。

1952年

新添自动织机200余台,细纱机改捻线2800锭,添细锭2000余枚,纺织工场装置深井水冷风房等空调设备,改善职工劳动环境。

9月,进行民主改革,取消"拿摩温"制度。

9月29日,推广"五一织布工作法"和"郝建秀工作法",将12小时工时制改为8小时工时制。

10月,纺织生产全部实行加工订货统购包销。

建立团委,钱伯华任书记,施群任副书记。

1953年

2月,建立中国共产党苏纶纺织染厂委员会,李声振任书记,毛伟鹭任副书记。

11月,苏纶自备发电厂添置2500千瓦蒸汽发电机一组。

1954年

7月,逐步建立"八级工资制"和"计件工资制"。

9月26日,苏纶纺织染厂与苏州纱厂合并经营,定名为"公私合营苏纶纺织染厂"。公方代表陈晖任董事长兼厂长,严庆禧任副董事长,私方人员浦亮元、刘文渊、徐鹤亭任副厂长。

1955年

1月,建立"工厂民主管理委员会"。

1月,原苏州纱厂的全部设备迁入苏纶厂内进行生产。

11月10日,经苏州市政府批准公私合营源康纱厂并入苏纶厂内进行生产。

1956年

1月20日,苏纶自备发电厂划归苏州电气公司,称"苏州第二发电厂"。

3月25日,召开苏纶厂第一届党代会。

试制成功20支双股线、10支纤线和绒坯布。

全套印染设备调拨给常州东方红印染厂。

1957年

4月29日,召开苏纶厂第一届职工代表大会,并成立企业管理委员会。

5月,苏纶厂被确定为苏州市第一批整风单位。

8月,实行工资改革,定级定等。

9月,开办苏纶职工子弟中学。

普通布机逐步改为自动布机。另,苏州市纺织工业局决定,将苏纶厂盘门外(苏经丝厂)的厂房、基地等以转账方式调拨给苏州针织厂。

1958年

大炼钢铁,并兴办"苏纶机械厂""苏纶钢铁厂"等11个子厂。取消保留工资和奖金,改计件工资为月结制;吸收2000多名农民和居民进厂工作。

4月,苏纶厂胥门的厂房(前源康纱厂)调拨给农业机械厂使用。

年底,纺织工业部钱之光部长来厂视察,指出盲目高速生产后锭子磨损严重。

1959 年

2 月,苏纶机械钢铁厂与苏州纺织机械厂合并,成立地方国营苏州纺织机械厂。

3 月,苏纶分工场杂杆纤维厂与沧浪区毛纺厂合并,成立地方国营苏州毛纺织厂。

1960 年

试纺成功 80 支和 100 支棉纱。全年压缩劳动力 552 人,其中 87 人务农,其余人员支援兄弟单位。

1962 年

建立产品质量访问用户制度。加强机械维护检修工作,健全交接验收和质量检查制度。全面整顿工资奖励制度。为压缩城镇人口,年底精简职工 330 人,其中回乡 200 余人。

1963 年

苏州市委派刘展翼、沈文渔等人组成的工作组来厂帮助工作。后刘展翼留任党委书记,沈文渔任厂长。

8 月,调整部分职工工资。

1964 年

建立干部上岗制度。

1965 年

上半年,在开展社会主义教育运动中,发动职工全面加强产品质量,取得明显成效。

7 月,苏纶职工子弟初级中学并入苏州市第十一初级中学。

1966 年

3 月,苏州市副市长茅于一、市总工会主席孙伯操率领的"四清工作队"进厂。

9 月,"公私合营苏纶纺织染厂"更名为"苏州市人民纺织厂"。

1967 年

"文革"初期,受上海"一月风暴"影响,全厂 13 个"战斗队"进行联合,成立了"红色革命造反联合委员会",于 1 月 27 日夺了党政大权。

3 月,李全禄等 10 多名解放军进厂"三支二军"(支左、支工、支农,军管、军训)。

5月,移建二纺车间工程破土动工(后因武斗停工)。

7月,因苏州两派武斗,全厂停工。全年开工仅185天,生产受到严重影响。

1968年

3月,群众组织实现大联合,开始恢复正常生产。

5月14日,苏州市革命委员会批准苏州市人民纺织厂成立革命委员会。

7月,移建二纺车间工程复工。

1969年

11月,光裕里、长春巷、吉祥里、瑞光新邨等厂里的职工家属宿舍,全部无偿调拨给沧浪区房地产公司统一管理。

1970年

3月,张其龙任苏州市人民纺织厂党委副书记兼革命委员会副主任,1975年提任厂长。

5月,63000余枚纺纱锭改为回转钢令,200余台织机改为喷气式,半年后全部下马。

12月,新建二纺车间工程竣工,开始将原二纺的设备全部迁入生产。

1972年

3月,开始调整部分职工工资,改革临时工制度。

7月,申请翻建老二纺危房,获主管部门批准。

9月16日,经苏州市人民防空办公室批准,在厂内构筑防空工事160平方米。

下半年,全厂修订和完善岗位责任制。

10月,开办技术培训班,加强对职工的技术培训。

11月,恢复和补发资本家在"文革"期间被扣减的工资。

1974年

10月,开始在二纺车间旧址翻建三纺车间,于1975年10月竣工。

1975年

3月10日,经国家计委批准,苏州市人民纺织厂增加纱锭26928枚,至1976年3月,全套设备安装完毕并投入生产。

全厂布机全部更新,淘汰英制旧织布机,新装1000台1511型44英寸自动织机。

1977 年

2 月 3 日,全国棉纺织挖潜会议在苏州市人民纺织厂召开。

增添 9152 枚全套纺纱设备,至此,共有纱锭 100304 枚。

1978 年

2 月,细纱女工、江苏省劳动模范沈若娟当选为第五届全国人民代表大会代表。

2 月,调整部分职工工资。8 月,试行职工奖励制度,一线工人超指标奖分 4、6、8 元三等,二线生产工人和辅助工、服务人员、管理人员的岗位责任奖分 4、5、7 元三等。

8 月,由于原棉提价,增加成本 200 多万元。

9 月 19 日,"苏州市人民纺织厂"恢复原厂名"苏纶纺织厂"。同月,建立苏纶纺织厂技术学校。

1979 年

年初,全厂开展"学上海、上水平"活动。同时,贯彻落实党的十一届三中全会精神,拨乱反正,开始着手平反冤、假、错案和历史老案。

6 月,建立全面质量管理委员会,在全厂开展全面质量管理。

6 月 16 日,纺织工业部部长郝建秀来厂视察。

6 月 21 日,移建新一纺车间开始动工,1980 年 10 月底建成,总面积 3.3 万余平方米。

9 月 26 日,经上级批准,苏纶纺织厂试行扩大企业管理自主权,实行利润留存。

10 月 31 日,工商行政管理总局发给苏纶厂"苏纶牌""神鹰牌"商标注册证书。

1980 年

2 月 26 日,实行"四班三运转"的劳动制度。

2 月,钱骏烈、华蛟等 15 名工程技术人员奉命赴泰国,援建泰美纶纺织厂,于 1982 年 10 月完成后返厂。

6 月,部分职工进行工资升级,全厂 2396 人增加工资。

10 月,设总厂建制,厂名改为"苏纶棉纺织总厂"。

1981 年

年初,实行党委领导下的厂长负责制。

7月,新一纺车间更新纱锭13000枚。

10月,全厂有2052名青工参加初中文化业余补课。年底,苏纶厂被评为苏州市职工教育先进集体。

苏纶厂被评为苏州市1981年度一类企业。另,新建1400平方米职工浴室一幢,新建集体女工宿舍楼三幢,计6000平方米(部分建筑至今尚在)。

1982 年

3月8日,苏州市委副书记周治华带领"蹲点调查组"23人来厂帮助整顿企业。

5月21日,撤销"苏纶棉纺织总厂"建制,恢复原厂名"苏纶纺织厂"。

6月,召开第七届二次职工代表大会,进行民主选举厂长,沈同文当选厂长,陆慕烈、徐荣昌、蒋恒丰为副厂长。

8月1日,建立经济责任制,实行联责计分奖励。

10月22日,江苏省省长惠浴宇来厂视察,参观了三纺车间和托儿所。

11月13日,国务院副总理、外经部部长陈慕华来厂视察。

贯彻《中国共产党工业企业基层组织工作暂行条例》《国营工业企业职工代表大会暂行条例》《国营工厂厂长暂行条例》《企业职工奖惩条例》。

1983 年

1月,苏州市广播事业局副局长陈重为组长,率17人组成的"市整党蹲点组",进厂帮助整党试点工作。下旬,召开全厂党员大会,483名党员听取了厂党委书记陈宇昌的动员报告,整党试点工作全面展开。

2月21日,厂长沈同文出席中纺部在北京召开的厅局长会议,并介绍《坚持高标准、严要求,按定员定额组织生产》的工作经验。

6月,向中国机械出口公司上海分公司购买1515型75英寸自动换梭织机100台。

7月,中华全国总工会授予苏纶厂工会"职工之家""工人的学校和乐园"奖旗。

10月22日,苏纶纺织厂党校及苏纶纺织厂职工思想政治工作研究会成立。

11月24日,为期20天的苏纶纺织厂第六届操作运动会举行。

1984年

2月18日,50/2×25涤卡、20×20(60×60)人造棉布被评为江苏省质量第一名,45×45(136×72)涤府布被评为江苏省优质产品。

2月,经江苏省人民政府批准,成立苏州纺织工业公司职工中等专业学校,原苏纶纺织厂技术学校在校生并入职工中专,校址设在苏纶厂内。

3月5日,中国对外出口棉纱棉布交易会在苏州召开,期间有5批日本客商来厂参观及洽谈业务。

4月20日,严庆祥长子严达等一行,自香港来厂参观。

8月19日,召开八届二次党代会,选举陈宇昌、沈同文、薛霞云为出席苏州市党代会的代表。

9月9日,召开落实政策消除影响平反大会,对浦亮元等93人进行平反纠错。

10月8日,陆慕烈任厂长,华蛟任厂党委书记。

10月13日,苏州市经委召开全面质量管理授奖大会,苏纶厂获评"全面质量管理先进企业"。

苏纶厂的10支人造棉纱及20×20(60×60)人造棉布被纺织工业部评为优良产品。此后,10支人造棉纱被评为全国质量第一名。"神鹰牌"20×20人造棉布和"桥亭牌"10支人造棉纱荣获国家质量银奖。

12月7日,召开第八届二次职工代表大会,讨论通过关于工资改革方案,推行岗位工资制,提高起点工资,浮动晋级,增加职务津贴等。

1985年

1月17日,厂长陆慕烈随同中纺部赴捷克斯洛伐克考察团考察气流纺设备。

3月9日,江苏省人民政府授予苏纶厂"江苏省先进企业"称号。

10月10日,召开第四次落实政策大会,对在"文革"期间被错误查抄的95人在政治上消除影响,恢复名誉,对部分人作了经济补偿。

12月30日,1985年度企业工资改革基本完成,从7月起按新工资标准给予补发。

1986年

1月27日,江苏省纺织工业厅授予苏纶厂"设备管理优秀单位"称号。同日,苏纶厂被苏州市棉纺公司评为1985年度一等奖,华蛟、陆慕烈被分别评为优秀书记、优秀厂长。

4月29日,召开"献身纺织三十春,苏纶为你记功勋"纪念会,表彰327名从事纺织、为苏纶勤奋工作30年的老工人。

苏纶厂先后获得"1984—1985年全国设备管理优秀单位""江苏省企业整顿先进企业""苏州市文明单位""苏州市出口产品质量优秀奖"等10余荣誉和称号。

1987年

9月,苏纶厂举行建厂90周年庆祝大会。中共中央书记处书记(原纺织工业部部长)郝建秀,全国政协副主席费孝通,纺织工业部部长吴文英,国家经委主任吕东、副主任袁宝华,全国总工会副主席章瑞英,中共中央统战部部长阎明复,中共江苏省委书记韩培信和江苏省省长顾秀莲等为厂庆题词。陈晖、严庆祥等应邀出席。

1990年

因国外市场波动很大,中国的棉纺产品实行配额制,苏纶厂受到很大影响。国内乡镇棉纺织业遍地开花,市场供大于求,苏纶厂产品大量积压。

1991年

1月,王振富任苏纶纺织厂厂长、党委书记。

1993年

苏纶纺织厂被列为苏州市首批16家模拟三资企业管理试点单位之一。

1994年

是年至1998年,苏纶厂连续5年亏损,资产负债率达120%。

1995年

苏纶厂成立董事会,实行"董事会领导下总经理负责制"的现代企业制度。

因生产成本不断加大,债务日益严重。

1997年

6月,企业流动资金枯竭,被迫停产。虽经政府扶持,不久恢复生产,但仍无法止亏。

8月,薛霞云任苏纶纺织厂总经理,朱玲玲任厂党委书记。

9月20日,苏纶厂举行建厂100周年庆祝会,苏州市委书记杨晓堂、著名作家陆文夫等应邀出席。

1998 年

苏纶厂奉命压锭 6.25 万锭。

经国家企业兼并破产和职工再就业领导小组批准,核定核销苏纶 22820 万元呆账坏账准备金。

8 月 5 日,经苏州市政府同意,苏纶厂向苏州市中级人民法院申请破产。

11 月 16 日,苏州市中级人民法院发出民事裁定书,宣告苏纶厂破产。

12 月,苏州市纺织工业局副局长林耐伟兼任苏纶纺织厂总经理,朱玲玲任厂党委书记。

1999 年

年初,组建"新苏纶纺织有限公司"。新苏纶纺织有限公司接纳原苏纶厂全部职工,并延续原劳动合同。

新苏纶纺织有限公司成立后,企业抓住和利用纺织压锭、总量控制的市场机遇,在苏州工业园区注册,享受出口退税政策,取得一定成效。

2003 年

纺织品市场竞争加剧,原材料大幅涨价,而产品价格基本维持原位,企业严重亏损。

4 月,吴国林任新苏纶纺织有限公司总经理,苏州市纺织控股集团有限公司党委书记沈佑兼任新苏纶纺织有限公司党委书记。

11 月,苏州市经贸委、工投公司、纺织控股公司积极引进外来投资者,积极探索尝试新苏纶纺织有限公司收购重组的新途径,因转让价格及土地处置权限有很大异议而未取得成功。

2004 年

4 月 27 日,苏州市政府决定对新苏纶纺织有限公司实施关闭。期间,3435 名职工得到平稳分流安置,8000 多名退休职工平稳过渡;企业关闭工作规范有序进行,职工利益未受损害;企业的全部资产经过公开竞标及拍卖方式处置完毕。

年末,苏纶厂彻底关门停产。

(2007 年浙江嘉业集团以 16.1 亿元拍下苏纶地块,营造"苏纶场",融入南门商业圈。)

后　记

　　历史在寻找作者,作者也在寻找历史,而档案作为历史的真实记录,将这两者联系起来,使他们之间存在着一种默契。

　　苏州市档案局(馆)副局(馆)长、苏州市工商档案管理中心主任卜鉴民,很早就想组织编写一套苏州工商百年企业的丛书,这是一件很有意义的事情。2015年初,经由苏州市工商档案管理中心皇甫元联系,其中苏纶厂的一本书,要我担当撰写。尽管起初我并不想"染指",但之后还是应允下来了。毕竟我在苏纶厂生活工作了一段比较长的时间,与苏纶有着一种难却的情感。

　　2015年春节过后,我就依照确定的提纲和篇目,开始坐冷板凳在电脑上一个个码字。大约花了半年多的时间才把书稿基本写出,之后作了修改和补充。在这段时间里,我似乎是心无旁骛地潜沉到苏纶百年间的每一个曾经与过往,尽管写得甚是辛苦,但终于写到了最后。

　　在写书的过程中,得到了许多人的热忱支持和帮助。嵇元、金震宇先生,非常热情地为我提供了不少苏纶厂的珍贵资料,这使我对于厘清苏纶百年的人文脉络,对于历史真实的把握,以及比较正确地叙事,起到了很大的作用。苏州市工商档案管理中心的陈鑫、栾清照、杨韫三位女士,不仅在审阅书稿时提出了宝贵意见,而且还帮我一次次修改行文,梳理词语,寻找老照片配图,她们的这种工作热情和认真负责的态度,使我非常感动。此外,任志荣先生,多次为我的书稿进行校阅。在此,一并向他们表示深深的感谢。

　　同时还要感谢吴国林先生和薛霞云女士,他们为我提供了不少关于1986年之后"苏纶纪事"的资料,前者还为我审阅和修改了部分章节。

　　更让我难忘的是,我在苏纶厂时,与张志成、蒋珏琪、徐解俊、汪祖荣、顾家钧等同事,在一起完成1987年版《苏纶纺织厂厂史》的日子里,他们在收集、整理资料和编写中付出的辛勤劳动,成为我撰写本书的一个基础。在此也向他们表示衷心的感谢。

　　书稿写完后,我在高兴之余,反而有了一种惴惴不安的心情,不知出书后会有怎样的反映和意见。由于作者的水平和学识有限,书中谬误难免,敬请专家读者不吝教正。

阿　坤

2016年4月